LA FASCINATION DE L'OGRE

Du même auteur

Économie bancaire, La Découverte, « Repères », 2013, 4e édition.

Laurence Scialom

LA FASCINATION DE L'OGRE

Ou comment desserrer l'étau de la finance

Fayard

Collection
RAISON DE PLUS

Dirigée par Najat Vallaud-Belkacem

Les valeurs qui avaient guidé la construction des démocraties libérales sont remises en cause, les clivages politiques traditionnels disqualifiés, les débats encombrés d'idées bradées en une poignée de signes, d'opinions brandies comme des vérités et débitées dans une accélération frénétique… Dans ce contexte inédit et inquiétant, la collection « Raison de plus » réunit des intellectuels et des chercheurs qui ont décidé de partager leurs travaux et de prendre part aux batailles culturelles du progressisme.
Cette collection entend se confronter aux grandes questions qui agitent le débat public. Contre les vents contraires de l'histoire, la pression des idées reçues et des idéologies avançant sous le masque d'un prétendu pragmatisme, « Raison de plus » décrypte, explique, argumente, reformule, propose et invente.
Réconcilier le savant, le politique et le citoyen, faire le pari de la raison et de l'intelligence collective pour retrouver le chemin d'un progrès devenu si difficile à définir, telle est l'ambition de cette collection.

Déjà parus :

Yves Citton, *Contre-courants politiques*
Agathe Cagé, *Faire tomber les murs*

Couverture : ADGP
Illustration © Louison

ISBN : 978-2-213-71250-5
Dépôt légal : mars 2019

Pour Dominique, Samuel et Joseph

À la mémoire d'Hélène Raymond

Une société capturée par la finance

Une finance peu ou mal régulée est nécessairement instable et produit des crises à répétition. En témoignent les crises financières et bancaires récurrentes depuis la fin des années 1980, c'est-à-dire précisément depuis la généralisation de la déréglementation et de la libéralisation financière dans les pays développés. Sans souci d'exhaustivité, en voici un petit florilège : crise des *savings and loans* aux États-Unis à la fin des années 1980, crises bancaires scandinaves du début des années 1990, crise mexicaine et krach obligataire en 1994, crise asiatique en 1997, crise russe en 1998, faillite du hedge fund LTCM dans la foulée, crise des valorisations d'actifs en 2002 à la suite des scandales Enron, Worldcom et autres firmes adeptes de la « comptabilité créative ». Enfin, la grande crise financière de 2007-2008, qui fut une sorte d'apothéose dans cette chronique de crises. Par sa gravité et son étendue géographique, par ses effets dévastateurs sur les finances publiques, par son impact négatif sur la croissance et le chômage, cette crise financière hors norme atteste la nécessité d'une finance plus et mieux régulée. Plus de dix ans après, la finance reste une menace peut-être encore plus grave qu'elle ne l'était dans les années 2000, car les États n'ont plus les moyens de soutenir massivement les banques et autres intermédiaires financiers comme ils l'ont fait à l'automne 2008.

La finance ou Dr Jekyll et Mr Hyde

Pour autant, ne nous trompons pas de combat. La finance n'est pas un mal en soi. Au contraire, les banques et la finance sont vitales pour le bon fonctionnement de l'économie, pour sa prospérité et son dynamisme. Elles permettent de s'endetter et de ne pas être contraint à tout moment par ce que l'on gagne, de financer les études de nos enfants ou une nouvelle voiture. C'est aussi grâce aux institutions de la finance que l'on peut mettre de l'argent de côté dans les périodes où l'on dépense moins que ce que l'on gagne et le faire fructifier. La finance nous permet donc, à l'échelle personnelle, de différer nos consommations pour nous assurer que notre pouvoir d'achat ne sera pas trop écorné au moment de la retraite. Elle permet également aux entreprises de financer un investissement sur la base des anticipations de rentabilité de celui-ci, et non pas uniquement sur la base de l'autofinancement. En d'autres termes, pour se projeter dans l'avenir, pour desserrer la contrainte de financement à chaque période, la finance est indispensable. C'est le carburant d'une économie en mouvement, elle fait le lien entre le présent et le devenir de nos sociétés. La finance ainsi entendue crée du lien social et de la confiance. Pour emprunter, il faut que quelqu'un accepte de prêter, ce qui fondamentalement signifie avoir confiance dans le fait d'être remboursé. Mais tout cela n'est pas sans risque. Les aléas de la vie des individus, des firmes et des sociétés peuvent faire que certaines dettes ne seront pas remboursées. Dettes des uns, créances des autres, enchevêtrement des trajectoires individuelles, c'est précisément ce qui fait une société, et la finance y a toute sa place.

Créanciers et débiteurs n'ont pas les mêmes préférences quant à leur rapport au temps et au risque. Les premiers souhaitent le plus souvent que leur investissement financier soit réversible afin de pouvoir rapidement récupérer de la liquidité en cas de besoin. Les emprunteurs, quant à eux, ont au contraire souvent besoin que les fonds leur soient prêtés sur des périodes longues. Pour dire les choses simplement, ceux qui peuvent prêter – les épargnants – préfèrent en général le faire sur de courtes périodes sans prendre trop de risque, alors que les emprunteurs préfèrent souvent emprunter à moyen ou long terme. La finance, quand elle fonctionne bien, ajuste et réconcilie ces préférences qui semblent irréconciliables.

La mise en cohérence des besoins ou contraintes des créanciers et des débiteurs est assurée par des intermédiaires financiers, en particulier les banques. Elles sont spécialisées dans la collecte et la gestion de l'épargne et dans l'octroi de financement. Schématiquement, les banques prêtent à moyen/long terme, ce qui correspond aux désirs des emprunteurs, et empruntent à court terme, conformément aux souhaits des épargnants. Les banques évaluent les risques des opérations financières et les tarifient sous forme de taux d'intérêt. Elles allouent l'épargne aux projets à financer. Elles permettent que les mauvais projets financés, c'est-à-dire ceux qui ne peuvent être remboursés, soient absorbables grâce à la diversification et à la loi des grands nombres. Il faut donc retenir que la finance est non seulement utile, mais indispensable. C'est la condition même pour que la vie économique existe et que la société trouve les moyens matériels de se projeter et, ainsi, de forger son avenir.

Oui, mais la finance peut aussi se détourner de ses fonctions de base. Dr Jekyll et Mr Hyde, elle a également sa part d'ombre. Elle peut se départir de ses habits de serviteur de la société pour enfiler ceux de prédateur de celle-ci. C'est cette métamorphose diabolique qui s'est opérée à partir de la fin des années 1980. La finance s'est progressivement hypertrophiée et éloignée de ses fonctions premières. Elle a ainsi créé les conditions de la plus grande crise financière et économique depuis celle des années 1930, qui était déjà la fille des dérives de la finance des années 1920. Étrange parenté entre ces deux cataclysmes financiers, économiques, mais aussi sociaux. Dérives de l'endettement, explosion des inégalités, banques universelles percluses de conflits d'intérêts, véritable épidémie de délinquance en col blanc et de fraudes financières, le scénario de 2008 fait penser à un *remake* de 1929. Fraudes et innovations financières sont deux composantes majeures de ce *remake*.

Ainsi, le plus célèbre fraudeur de la période d'euphorie financière pré-crise de 1929 a été Carlo Ponzi, qui laissera son nom à la fameuse « pyramide de Ponzi ». Cette arnaque consiste à attirer des investisseurs financiers en les alléchant avec des rendements financiers élevés et à payer ceux-ci grâce à l'épargne des derniers arrivants. Tant que les flux d'épargne entrant dans le schéma Ponzi excèdent les rendements financiers offerts aux premiers investisseurs, le système fonctionne et la course en avant peut se poursuivre. Les fonds des derniers arrivants paient les rendements promis aux premiers. Dès que la confiance s'érode et que le doute s'installe, les nouveaux épargnants se font rares et le « château de cartes » s'effondre. Bernard Madoff, l'une des figures emblématiques des fraudes financières de ce début de XXIe siècle, n'a finalement fait que remettre au goût du jour le même type d'escroquerie.

La période pré-crise de 1929 a été marquée par un foisonnement d'innovations financières non maîtrisées, dont certaines ressemblent étrangement à celles qui furent au cœur de la crise de 2007-2008. Ainsi, dans les années 1920, des compagnies de garanties immobilières accordaient des prêts immobiliers qu'elles transformaient en actifs financiers (titres négociables sur un marché) pour les revendre à des investisseurs. Le procédé utilisé ressemblait étonnamment à la titrisation qui fut au cœur de la crise de 2007-2008… Il s'agit d'une technique d'ingénierie financière qui permet de transformer des actifs peu ou non négociables sur un marché, comme des crédits bancaires, en titres financiers. Les compagnies de garanties immobilières proposaient également, en échange d'une prime d'assurance, de se substituer aux débiteurs défaillants. Cette sorte de marché des assurances de crédit qui se développa avant la crise de 1929 se fonde sur un mécanisme étrangement similaire aux CDS (*credit default swaps*)… Un CDS est un produit dérivé qui permet de s'assurer contre le non-paiement total ou partiel d'une dette émise par un État ou une entreprise. L'acheteur de protection, c'est-à-dire celui qui transfère le risque de crédit, verse une commission au vendeur de protection, en échange de quoi ce dernier s'engage à compenser les pertes générées par un défaut de paiement sur l'actif détenu par l'acheteur de protection. Il y a donc dissociation entre le titre de dette et le risque qui lui est associé. En clair, on peut détenir un titre de dette et avoir transféré à un autre le risque de crédit propre à ce titre. Les CDS ont été des vecteurs d'amplification de la crise de 2007-2008.

Bref, les résonances avec la période actuelle sont donc tout à fait étonnantes. Des innovations financières de transferts de risques, que l'on appelle aujourd'hui titrisation, CDS ou CDO, se sont développées dans les deux périodes. Ces innovations financières semblaient renforcer la sécurité financière ; or, elles ne firent que fragiliser le système financier quand la crise se produisit. Le faux sentiment de sécurité porté par ces innovations financières n'a fait que stimuler les prises de risque excessives.

L'histoire des pathologies de la finance déréglementée et libéralisée, et de ses effets nocifs sur le collectif, semble donc bégayer à près de quatre-vingts ans d'intervalle. À la suite de la crise des années 1930, la société américaine s'est indignée contre une finance gangrenée par les conflits d'intérêts. Ceux-ci désignent des configurations dans lesquelles les banques, plutôt que de défendre les intérêts de leurs clients, font primer l'intérêt de la banque, de ses managers ou d'autres clients. Les conflits d'intérêts altèrent les incitations des intermédiaires financiers à agir de manière éthique, voire les pervertissent, créant les conditions d'une véritable épidémie de scandales financiers. L'histoire paraît là aussi se répéter. Scandales du Libor, de l'Euribor, du Tibor[1], scandale des produits structurés toxiques, fraude à grande échelle sur les prêts hypothécaires, implication des banques dans des dispositifs systématiques d'évasion fiscale… la liste semble pouvoir s'étirer à l'envi. Nous reviendrons précisément sur ces scandales financiers dans la suite de cet ouvrage.

Cette accumulation de scandales, fraudes, délits multiples devrait inciter à s'interroger sur le terreau qui crée les conditions d'une telle vague de délinquance en col blanc[2]. Étonnamment, les économistes et les superviseurs semblent largement avoir déserté le terrain de la lutte contre les conflits d'intérêts. Cette occultation contemporaine de la question est très intrigante, car les conflits d'intérêts sont souvent à la racine des comportements répréhensibles qui alimentent la défiance de la société à l'égard des banques et de la finance, et qui nuisent à la stabilité financière. Ils sont la condition favorisant, voire encourageant, les fraudes et comportements « inappropriés », en particulier dans la banque universelle[3]. Après la crise de 1929, les choix

1. François Morin, dans *L'Hydre mondiale, l'oligopole bancaire* (Lux éditeur, 2015), qualifie à raison ces scandales d'« ententes en bande organisée ».

2. En France, Jean-François Gayraud a dénoncé dans plusieurs ouvrages ce biais systémique vers la délinquance financière caractérisant l'industrie financière contemporaine : *La Grande Fraude*, Odile Jacob, 2011 ; *Le Nouveau Capitalisme criminel*, Odile Jacob, 2014 ; *L'Art de la guerre financière*, Odile Jacob, 2016. Aux États-Unis, William Black développe des travaux sur la délinquance en col blanc ; son ouvrage le plus célèbre, *Une fraude presque parfaite*, a été traduit en 2012 aux Éditions Charles Léopold Mayer.

3. Laurence Scialom, « Conflits d'intérêts et gouvernance des banques systémiques : éléments d'analyse critique », *Revue d'économie financière*, n° 130, 2e trim. 2018.

du régulateur – notamment aux États-Unis – ont au contraire été largement guidés par la volonté de mettre fin, de manière structurelle, à ces conflits d'intérêts. Le diagnostic posait qu'ils étaient l'une des causes majeures des dérives de la finance dans les années 1920. Or, le parallèle est tout à fait frappant entre les dérives observées avant la crise de 1929, leurs racines, leurs conséquences en termes de stabilité financière, et les phénomènes similaires observés depuis les années 1990-2000.

Un rapide retour sur un rapport publié en 2003, dédié aux conflits d'intérêts dans l'industrie des services financiers[1], éclaire les correspondances entre les deux crises financières. La thématique des conflits d'intérêts avait été choisie à l'aune des scandales à répétition (Enron, Arthur Andersen, Worldcom, Tyco Industry, Vivendi…) liés à la financiarisation de la gouvernance des entreprises.

Dans le premier chapitre dudit rapport, le parallèle est explicitement fait entre la situation de ce début des années 2000 et la crise de 1929. Les auteurs ne se doutaient alors pas que le pire restait à venir. C'est précisément cela qui rend rétrospectivement la lecture du rapport particulièrement intéressante… À propos de la crise de 1929, ils écrivaient : « Quand le marché s'est effondré, les actionnaires se sont sentis trahis par les banquiers, ou, comme certains observateurs les qualifièrent, par les *banksters*, qui leur avaient vendu des actions et des titres qui maintenant avaient

1. « Conflicts of Interest in the Financial Services Industry : What Should We Do about Them ? », Chapter 1 : « What are the Issues ? », *Geneva Reports on the World Economy*, 5, 2003.

perdu toute valeur ou presque. Les promoteurs les plus agressifs de ces titres avaient été les banques universelles[1] nouvellement créées. Leur capacité à transférer l'intermédiation d'une partie de la banque à une autre offrait de considérables synergies, mais aussi un potentiel d'exploitation des conflits d'intérêts[2]. » Il suffit de remplacer les termes « actions et titres » par « CDO ou autres produits de la finance structurée » pour que ce constat puisse, sans en changer une virgule, s'appliquer à la crise de 2007-2008... Mais la réponse des décideurs politiques à ces deux périodes a été très différente. Mettre un terme à l'exploitation des conflits d'intérêts par les banquiers fut l'une des justifications majeures de l'adoption par le Congrès du Glass Steagall Act. Cette loi américaine sépara complètement la banque d'investissement, c'est-à-dire celle qui est active sur les marchés financiers, de la banque commerciale, celle qui collecte les dépôts et fait des prêts. Aucune réforme aussi courageuse et efficace n'est aujourd'hui à l'agenda.

Antonio Borges affirma, lors d'une table ronde sur les conflits d'intérêts dans la banque universelle organisée au cours de la conférence qui donnera lieu au rapport que nous évoquons : « Il est fascinant de constater les similarités entre les crises du début de la décennie 1990 et celle des années 1920. Les déclarations et la manière dont les personnes décrivent la

1. Alors qu'une banque commerciale a pour cœur d'activité la collecte de l'épargne et l'octroi de crédits aux ménages et aux entreprises, une banque universelle est une banque qui exerce toute la gamme des activités bancaires, mais également financières, en particulier les activités de marché.
2. *Geneva Reports on the World Economy*, 5, 2003, *op. cit.*

situation actuelle sont la copie conforme de ce qui s'est passé à cette période : problèmes similaires, comportements similaires, explications similaires et solutions excessives similaires. » Qu'aurait-il écrit s'il avait connu la suite des événements ? Nous étions en 2003, Antonio Borges représentait Goldman Sachs International à la table ronde... Cette appartenance à Goldman Sachs est savoureuse quand on connaît le manque d'exemplarité de cette banque en termes de gestion des conflits d'intérêts. Ainsi, avant même le déclenchement de la crise des subprimes, Goldman Sachs a misé pour son propre compte sur l'effondrement du marché subprime. Dans le même temps, la banque continuait à conseiller à ses clients d'acheter des produits structurés contenant des subprimes... En clair, elle incitait ses clients à investir dans des produits financiers qu'elle savait « pourris » et dont elle-même se débarrassait. Vous avez dit conflit d'intérêts ?

Contrairement aux choix opérés dans les années 1930, les réglementations concernant les conflits d'intérêts dans la finance et la banque universelle sont aujourd'hui le point aveugle des propositions de réforme bancaire post-crise.

Ainsi, le *remake* se limite au cocktail ayant conduit à la crise ; la fin du film, elle, dévie du scénario de base. Dans les années 1930, aux États-Unis, pays d'où était déjà parti le séisme financier, les politiques, sous la pression de la société, reprirent la main sur la finance. Ce faisant, celle-ci fut contrainte de revenir à ses fonctions de base de financement de l'économie réelle, d'allocation des ressources et de gestion des risques.

Réformer la finance face à l'obstacle du déni de réalité

Cette re-réglementation a accordé un répit de plusieurs dizaines d'années sans aucune crise financière ni bancaire et sans brider le financement de la croissance dont les niveaux de l'époque nous font pâlir d'envie. Rien de tel aujourd'hui. L'élan et la flamme réformatrice n'ont pas fait long feu. Pourtant, lors du G20 de Londres en avril 2009, les dirigeants politiques des plus grands pays, galvanisés par la peur qu'ils avaient eue d'un véritable effondrement du système, s'étaient engagés à profondément changer le système financier et la gouvernance mondiale. Ils avaient alors dressé la bonne feuille de route en pointant une dizaine de chantiers prioritaires et en esquissant pour chacun des solutions. Le « plus jamais ça » dominait alors les esprits. Puis la fenêtre de tir pour lancer d'ambitieuses réformes, permises par l'affaiblissement de la parole des lobbies bancaires et financiers, s'est vite refermée. Les lamentations de l'industrie bancaire sur le trop-plein de réglementations ont retrouvé une oreille attentive dans les sphères de décision politique. En conséquence, nous restons au milieu du gué. Des réformes ont été engagées, c'est indéniable, mais pas les plus cruciales et protectrices pour les sociétés. Les États, sauveurs désignés des banques, sont eux-mêmes très endettés du fait de la gestion de la crise financière et de ses effets sur l'économie réelle. L'État protecteur de la finance est donc affaibli. Pis, avec l'arrivée de Donald Trump s'ouvre une phase de détricotage systématique des acquis des dix dernières années.

En Europe, la Commission dirigée par Jean-Claude Juncker marque également le pas sur ces sujets et le Brexit va conforter cet attentisme européen, voire créer des brèches dans la réglementation. Le risque est donc grand aujourd'hui que le volontarisme politique en matière de réglementation financière s'essouffle. Les décideurs publics semblent de nouveau collectivement atteints d'« aveuglement au désastre ». Ils sous-estiment la probabilité que se produise une nouvelle crise financière systémique. Cette hypothèse de myopie au désastre est finement analysée dans les travaux de Jack M. Guttentag et Richard J. Herring[1]. Ils ont transposé de manière très pertinente certains résultats de psychologie cognitive à l'étude du secteur bancaire. La myopie au désastre signifie que les banquiers et les décideurs publics sous-estiment systématiquement la probabilité de chocs susceptibles de fortement nuire à l'activité du secteur. Il s'agit notamment des chocs de crédit qui résultent du défaut d'un ou plusieurs emprunteurs importants. Mais d'où vient un tel biais de perception ? L'explication qu'avancent Guttentag et Herring est la suivante : en l'absence de base rationnelle à leurs évaluations, les décideurs (privés et publics) estiment la probabilité que se produisent certains événements à partir de la mémorisation qu'ils ont d'événements similaires. Plus le temps écoulé depuis la dernière crise est long, moins on intègre à nos évaluations et décisions le risque qu'une nouvelle crise se produise. Guttentag et Herring ajoutent à cette règle gouvernant la prise de décision en environnement

1. J.M. Guttentag et R.J. Herring, « Disaster myopia in international banking », *Essays in International Finance*, n° 154, septembre 1986.

incertain une discontinuité qu'ils appellent seuil heuristique. Celui-ci signifie que, lorsque la probabilité que les décideurs attribuent à la survenue d'une crise atteint un niveau critique suffisamment bas, cette probabilité est traitée comme si elle était nulle. Ce phénomène de myopie au désastre n'est pas constant dans le temps. Il est favorisé par un ensemble de facteurs qui stimulent son développement. Parmi ces éléments encourageant l'aveuglement au désastre, on peut citer :

– le temps écoulé depuis le dernier choc ;

– le degré de concurrence au sein de la communauté bancaire et entre financements bancaires et financements par le marché ;

– le raccourcissement de l'horizon temporel des décideurs (privés et publics), favorisé par leur mobilité professionnelle et certaines modalités de rémunération. Sur ce dernier point, il est clair que la porosité entre la haute fonction publique et les dirigeants de banque contribue fortement à ce biais de perception, et donc à la minimisation du risque de crise.

La puissance de ce mécanisme d'amnésie nous interroge alors que nos sociétés paient encore durement les conséquences de la crise financière de 2008.

Comment nos décideurs peuvent-ils croire que les chantiers de la régulation financière ont été menés à leur terme et que nos sociétés sont maintenant à l'abri d'un nouveau cataclysme financier ? Comment ne pas voir que la finance reste hypertrophiée, qu'elle n'a pas fondamentalement changé ? Comment ne pas s'inquiéter du fait que nos sociétés restent sous la menace des excès de dettes alimentant des bulles ? Comment la finance, combinaison d'institutions et de mécanismes vitaux pour l'économie, a-t-elle pu se déconnecter à ce point des besoins des sociétés, et sembler même n'être plus qu'au service d'elle-même ? Pourquoi les États ont-ils laissé se développer un oligopole bancaire, constitué des plus grandes banques systémiques mondiales, face auquel les puissances publiques paraissent démunies ?

Tel Mowgli par Kaa dans *Le Livre de la jungle*, la société serait-elle hypnotisée par l'ogre financier ? « Aie confiance... », dit le serpent. Serait-elle victime d'une version revisitée du syndrome de Stockholm ? Syndrome par lequel les otages sous l'emprise psychologique de leurs ravisseurs finissent par adopter le point de vue de ces derniers et par les défendre, niant par là même leur statut de victimes. Les psychiatres mettent en avant l'influence idéologique du geôlier sur l'otage pour que ce mécanisme annihilant les capacités d'autodéfense de la victime fonctionne. Nous verrons que cette dimension idéologique et cette emprise psychologique sont également très prégnantes dans les mécanismes conduisant à l'abdication de nos représentants politiques face à la finance. C'est de cette question que part ce livre. Il cherche à comprendre le pourquoi de la capture de la société par la finance et il s'interroge sur les moyens d'y mettre fin.

Le dessous des cartes ou pourquoi ce livre

Les analyses et réflexions présentées au fil des chapitres sont le fruit de plus de vingt ans de lectures, d'observations et de travaux de recherche sur les transformations des banques et de la finance, sur la montée des risques financiers globaux et sur notre incapacité à les maîtriser efficacement. C'est également le reflet de mon expérience d'enseignante-chercheuse et du constat de l'insuffisant travail d'introspection des économistes. Nous n'avons pas profondément remodelé les programmes que nous enseignons à nos étudiants alors même que la crise remettait en cause certains pivots de notre discipline. Ce diagnostic a été corroboré par une note publiée par l'Institut Veblen en décembre 2018[1] qui analyse les résultats d'un questionnaire envoyé à des enseignants-chercheurs en finance au printemps 2018.

Ce livre est aussi le fruit d'un engagement personnel sur les questions de réforme de la structure des banques – la mère des réformes –, sur l'impératif de réguler le *shadow banking*[2] et sur l'approfondissement et l'achèvement de l'Union bancaire comme conditions minimales d'une meilleure maîtrise des risques financiers globaux en Europe[3]. La ligne que je m'étais fixée à

1. J. Couppey-Soubeyran, L. Scialom, S. Serve et Y. Tadjeddine, « Dix ans après la crise financière, comment enseigne-t-on la finance ? », *Note de l'Institut Veblen*, décembre 2018, https://www.veblen-institute.org/Dix-ans-apres-la-crise-financiere-comment-enseigne-t-on-la-finance.html.

2. « Banques hybrides et réglementation des banques de l'ombre », coécrit avec Y. Tadjeddine, Note Terra Nova, 17 novembre 2014, http://www.tnova.fr/note/banques-hybrides-et-r-glementation-des-banques-de-l-ombre.

3. « L'Union bancaire : le temps joue contre nous », coécrit avec A. Béranger et J. Couppey-Soubeyran, Note Terra Nova, 26 mars 2014, http://tnova.fr/etudes/union-bancaire-le-temps-joue-contre-nous ; « Union bancaire – Réforme de la structure des banques : la tentation de l'autruche », Note Terra Nova, 5 novembre 2014, http://www.tnova.fr/note/union-bancaire-r-forme-de-la-structure-des-banques-la-tentation-de-l-autruche ; « Union bancaire inachevée : danger », Note Terra Nova, 5 avril 2016, http://tnova.fr/notes/union-bancaire-inachevee-danger.

l'origine était de ne pas faire état de ma propre expérience d'économiste engagée dans un contre-lobbying technique concernant la finance. Cette histoire a déjà en partie été racontée dans l'ouvrage d'Adrien de Tricornot, Mathias Thépot et Franck Dedieu, *Mon amie, c'est la finance*. Leur livre expose précisément l'histoire du renoncement du gouvernement français à faire voter une véritable loi de séparation des activités bancaires. Il est bien plus confortable que d'autres relatent nos engagements et échecs – puisque échec il y eut – à contrer le lobby bancaire. Ce dernier a en effet réussi à totalement vider de son contenu la « loi de séparation et de régulation des activités bancaires » du 26 juillet 2013, qui en dépit de son titre ne sépare rien.

J'étais donc arrivée à l'idée qu'il me fallait revenir à mes travaux purement universitaires. Je m'en serais sans doute tenue à cette ligne de conduite si je n'avais lu, au cours de l'été 2017, l'ouvrage magistral de deux professeurs américains, historiens des sciences, Naomi Oreskes et Erik M. Conway, intitulé *Les Marchands de doute*[1]. Ce livre décortique comment les lobbies industriels ont – avec l'aide de scientifiques mus par des considérations idéologiques – élaboré une stratégie très efficace destinée à éviter ou affaiblir toute réglementation nuisant à leurs intérêts. Ce fut ainsi le cas sur des sujets aussi importants que les pluies acides, le trou dans la couche d'ozone, le tabagisme passif, l'usage du DDT et, bien sûr, le réchauffement climatique. Or, la similitude entre les méthodes des lobbies

1. N. Oreskes et E. Conway, *Les Marchands de doute*, Le Pommier, 2014 (1re édition originale, 2010).

industriels et celles des lobbies bancaires et financiers pour contrer les réglementations susceptibles de nuire à leurs profits m'est apparue flagrante. C'est donc bien la lecture des *Marchands de doute* qui m'a persuadée de donner au lecteur les clefs contextuelles de l'écriture de ce livre, et donc d'ajouter les quelques paragraphes qui suivent. Ne pas le faire aurait entretenu l'omerta sur ces questions et fait *in fine* le jeu du lobby bancaire. Or le lecteur aura compris qu'une de mes motivations est justement de dévoiler le dessous des cartes.

Je travaille de longue date sur les questions de crises bancaires, de stabilité financière, de banque centrale et de régulation publique du système bancaire. Avant la crise financière de 2007-2008, ces questions n'intéressaient pas grand monde et je n'étais pas engagée dans le débat public. L'une de mes grandes fiertés est d'avoir monté un cours de régulation macroprudentielle au niveau master 2 à l'Université Paris Nanterre dès 2004. La politique macroprudentielle vise à assurer la stabilité du système financier global, et donc à éviter les crises financières systémiques. À l'époque, le concept de politique macroprudentielle restait assez confidentiel. Il n'y a qu'à la Banque des règlements internationaux (BRI) que des travaux sur la politique visant à prévenir les risques financiers globaux étaient avancés. Mes travaux portaient alors sur[1] :

1. « The Development of a European Prudential System » (en collaboration avec M. Aglietta et T. Sessin), *Revue d'économie financière*, n° 60, 2001 ; « Vers une nouvelle doctrine prudentielle » (en collaboration avec M. Aglietta), *Revue d'économie financière*, n° 48, 1998 ; « Pour une politique d'actions correctives précoces dans l'Union européenne : les carences institutionnelles et légales », *Revue d'économie financière*, n° 89, 2007 ; « Les propositions du European Shadow Financial Regulatory Committee sur l'action corrective précoce en Europe : une

– l'architecture prudentielle européenne, c'est-à-dire la répartition des pouvoirs et compétences entre les institutions européennes et nationales sur les questions de stabilité financière ;

– la nécessité d'un saut fédéral en ce domaine, qui s'est en partie concrétisé avec l'union bancaire en 2012 ;

– le bien-fondé à mettre en place une politique d'actions correctives précoces en Europe. Il s'agit d'une politique qui consiste pour le superviseur à intervenir très tôt avant que la situation financière des banques ne les conduise à la faillite ou au renflouement ;

– la nécessité de promouvoir un régime de redressement et de résolution spécifique aux banques qui prendrait à bras-le-corps les questions de partage des pertes dans le cas des défaillances des banques systémiques transnationales. Depuis, des avancées ont eu lieu sur la gestion des défaillances bancaires, qui, en Europe, était une question totalement occultée avant la crise, mais le partage des pertes entre les États reste une question ouverte.

La crise financière de 2007-2008 a subitement donné une longueur d'avance à ceux et celles qui travaillaient de longue date sur ces sujets de stabilité financière. Cela a suscité des demandes inhabituelles pour l'universitaire que j'étais. Ainsi, en 2009, je fus contactée par Olivier Ferrand, fondateur du tout jeune think tank Terra Nova, pour animer un groupe de travail sur ces questions. Celui-ci donna lieu à un

---

analyse critique », *Revue économique*, vol. 58, pp. 1127-1138, 2007 ; « Pour une approche holiste du filet de sécurité financière en Europe : quelques arguments », *Revue d'économie politique*, vol. 117, n° 4, 2006.

rapport publié dans le cadre de la campagne présidentielle de 2012[1]. Le projet me parut stimulant, me faisant sortir de ma zone de confort. J'acceptai immédiatement, sans vraiment réfléchir aux conséquences en chaîne que cela allait induire. La disparition prématurée d'Olivier Ferrand, juste après son élection comme député en 2012, ne marqua pas la fin de mon engagement à Terra Nova, car François Hollande mettait au programme une réforme phare : la loi dite de séparation et de régulation des activités bancaires. J'écrivis donc une note intitulée « Réforme de la structure des banques : un enjeu démocratique majeur »[2]. Cette note eut plus d'impact que je ne l'imaginais. Elle m'entraîna à intervenir dans le débat public, et cela d'autant plus que le gouvernement poussait une loi dont le contenu – contrairement à son intitulé – n'avait quasiment aucun impact sur la structure des groupes bancaires. Elle ne séparait rien. Nous fûmes une poignée d'économistes[3] en première ligne pour

1. http://tnova.fr/rapports/d-un-capitalisme-financier-global-a-une-regulation-financiere-systemique.
2. Je tiens à préciser qu'à aucun moment les notes ou rapports que j'ai produits seule ou en collaboration pour le think tank Terra Nova n'ont été censurés en raison d'intervention du lobby bancaire ou de tel ou tel cabinet ministériel. Si tel avait été le cas, j'aurais immédiatement cessé cette collaboration. Si je précise cela, c'est que des rumeurs ont circulé à ce propos, selon lesquelles une note sur les paradis fiscaux aurait été bloquée en interne. C'est une contre-vérité. Il y a bien eu un projet de note, mais nous n'avions pas les compétences pour être suffisamment innovants et percutants sur cette question. D'autres faisaient mieux que nous et, plutôt que de produire une note médiocre, nous avons préféré ne pas la publier. Il ne s'agit aucunement de censure, mais d'une exigence de qualité et de responsabilité.
3. Cette liste n'est évidemment pas exhaustive. Je n'ai retenu que ceux qui furent publiquement auditionnés à l'Assemblée nationale et/ou au Sénat, et qui s'exprimèrent le plus dans les médias. Des personnes

défendre une véritable réforme de la structure des banques : Gaël Giraud, avec lequel j'écrivis une note technique sur le projet de loi[1], Jean-Paul Pollin, avec lequel je fus auditionnée à l'Assemblée nationale, Christophe Nijdam, qui à l'époque était analyste senior secteur bancaire chez Alpha Value[2], et Thierry Philipponnat, qui était le secrétaire général et fondateur de l'ONG Finance Watch en 2011. Nos positions en faveur d'une séparation des activités de banque commerciale et de banque de marché étaient alors confortées par la publication, le 2 octobre 2012, du « rapport Liikanen » commandé par la Commission. L'objectif de ce rapport était de faire des propositions visant « à réduire la probabilité et l'impact d'une faillite bancaire, à s'assurer du maintien des fonctions économiques vitales et à mieux protéger les clients de la banque de détail vulnérables ». Ce rapport concluait – nous y reviendrons au chapitre 5 – à la nécessité d'un cloisonnement des activités de trading sur titres et dérivés, de teneur de marché, des crédits aux hedge funds et des véhicules de titrisation pour les banques systémiques. En clair, au-delà du jargonnage que nous éclaircirons dans la suite de cet ouvrage, il proposait

comme Olivier Berruyer, des ONG comme le Secours catholique Caritas, CCFD Terre solidaire, Oxfam ainsi qu'ATTAC furent également très actifs. C'est bien cette mobilisation de la société civile *via* les ONG qui permit une avancée majeure, à savoir le *reporting* pays par pays imposé aux banques.

1. « Pour une réforme bancaire plus ambitieuse : Vous avez dit Liikanen ? Chiche ! », coécrit avec G. Giraud, Note Terra Nova, 28 février 2013, http://tnova.fr/etudes/pour-une-reforme-bancaire-plus-ambitieuse-vous-avez-dit-liikanen-chiche.

2. Cabinet qui publia en juin 2012 une étude qui fit grand bruit, car elle prônait la séparation pure et simple des activités sur le modèle du Glass Steagall Act.

de séparer au sein des plus gros groupes bancaires – ceux qualifiés de systémiques – les activités de marché des activités de banque commerciale. Les banques systémiques sont celles dont la faillite peut mettre en péril le système financier global. Un an auparavant, le rapport Vickers avait, pour le Royaume-Uni, fait des propositions dont la philosophie et les finalités étaient très proches : protéger la banque commerciale, c'est-à-dire celle dont les clients sont les ménages et les PME, des dérives et dangers que représente la banque de marché. La fenêtre de tir pour une réforme ambitieuse semblait donc entrouverte.

Certainement pour une question de « genre »[1], dans le cadre des travaux du Parlement sur cette loi, je fus auditionnée le même jour devant la Commission des finances du Sénat et celle de l'Assemblée nationale. Je garde de cette expérience le sentiment amer d'un débat démocratique tronqué, d'une sorte de simulacre de démocratie et d'un profond déséquilibre des forces volontairement organisé. Pour autant, loin de m'inciter à retourner à mes seules activités universitaires, la puissance du lobby bancaire et son pouvoir d'influence sur la haute administration m'ont au contraire convaincue de poursuivre mon engagement dans le débat public. Cette expérience m'a persuadée de l'utilité sociale de la prise de parole d'universitaires sur des sujets financiers techniques ainsi que de l'importance d'accompagner des ONG ou des think tanks étudiant des sujets d'intérêt collectif majeur. C'est précisément pour cela

1. Lors de ces deux auditions, j'étais la seule femme du panel : en finance plus encore que dans d'autres sphères, la parité quant aux experts sollicités reste un vœu pieu et j'ai bien conscience d'avoir été une sorte de caution en la matière.

que je collabore régulièrement avec l'Institut Veblen, spécialisé dans les politiques publiques de la transition écologique, le Secours catholique Caritas, Terra Nova, et que je suis membre de Finance Watch. La banque et la finance ne doivent pas être un domaine qui échappe au débat démocratique sous le prétexte de sa complexité.

Voilà pourquoi, en 2015, quand le gouvernement pressentit pour le poste de gouverneur de la Banque de France un ancien haut fonctionnaire ayant été plus de douze ans cadre dirigeant de BNP Paribas, nous décidâmes avec deux collègues – Anne-Laure Delatte et Jézabel Couppey-Soubeyran – de réagir. Le gouverneur est le président du collège de supervision de l'Autorité de contrôle prudentiel et de résolution (ACPR)... En clair, il dirige l'organe de surveillance et de contrôle des banques en France et a un fort pouvoir d'influence sur l'élaboration des réglementations bancaires internationales. Il s'agissait donc de nommer un banquier à un poste lui permettant d'avoir une influence majeure sur le cadre réglementaire et législatif s'appliquant aux banques... Nous avons alors tenté de mobiliser la communauté des économistes français contre cette nomination *via* une tribune publiée dans le journal *Le Monde*[1]. En deux jours, près de 150 économistes de tous horizons et de toutes sensibilités cosignèrent cette tribune. Ce soutien témoigne de la préoccupation de la communauté scientifique devant les phénomènes de capture des régulateurs par l'industrie. Mais nos efforts

1. http://www.lemonde.fr/idees/article/2015/09/15/banque-de-france-les-parlementaires-doivent-rejeter-le-choix-de-l-elysee_4757539_3232.html.

furent vains. Malgré cette mobilisation et la couverture médiatique qui l'accompagna[1], François Villeroy de Galhau fut nommé gouverneur de la Banque de France. Cet épisode prouve que, comme pour les questions de moralisation de la vie politique, il existe un fort décalage entre les attentes de la société et la perception du problème par nos dirigeants.

Le gouvernement n'a pas commis la même erreur en nommant le successeur de Gérard Rameix à la tête de l'Autorité des marchés financiers. Robert Ophèle, homme de grande expérience dans les instances de supervision et les cercles de banquiers centraux, est dénué de tout conflit d'intérêts dans ses nouvelles fonctions. Notre mobilisation n'aura donc peut-être pas été vaine en soulignant la sensibilité de nos concitoyens aux questions de conflits d'intérêts et de capture. Cette dernière séquence me conforta quant au bien-fondé du travail engagé dès 2014 avec deux collègues juristes, Hélène Ruiz Fabri et Joël Moret-Bailly, sur les conflits d'intérêts dans le domaine de la vie publique, de la finance et de la santé. Nous partions de l'hypothèse que les conflits d'intérêts mal, peu ou pas traités étaient une source majeure d'affaiblissement de notre démocratie par les atteintes à la légitimité des institutions concernées. Le rapport Terra Nova « Conflits d'intérêts : nouvelle frontière de la démocratie » parut en février 2017, en plein Pénélopegate[2]. Certaines de nos propositions concernant la vie politique furent reprises dans la loi dite de « confiance

1. Anne-Laure Delatte fut même interviewée sur CNN.
2. « Conflits d'intérêts : nouvelle frontière de la démocratie », coécrit avec J. Moret-Bailly et H. Ruiz Fabri, 3 février 2017, http://tnova.fr/rapports/les-conflits-d-interets-nouvelle-frontiere-de-la-democratie.

dans la vie publique ». Cependant, aucune de celles concernant la gestion des conflits d'intérêts dans la sphère financière et bancaire n'a pour l'instant été mise en application. Gageons que ce ne soit que partie remise !

J'ai précédemment dit avoir été frappée par la convergence de méthodes employées par l'industrie et par la finance pour s'opposer aux régulations nuisant à leurs intérêts, même dans les cas où l'intérêt collectif est fortement mis à mal (santé, réchauffement climatique, biodiversité, risque systémique financier, etc.). Bien sûr, je ne peux prétendre produire une enquête aussi documentée que celle de Naomi Oreskes et Erik Conway, qui s'étale sur plusieurs années. Je ne me réfère qu'à ma propre expérience et à celle de collègues dans le même cas que moi. Une recherche plus systématique de socio-économie de la capture appliquée au champ bancaire et financier mériterait d'être menée. Pour autant, j'ai directement vécu ou constaté nombre des méthodes décrites dans l'ouvrage d'Oreskes et Conway. Sans souci d'exhaustivité, je peux citer :

– Le dénigrement systématique des universitaires s'opposant à eux. Ainsi, l'une de mes doctorantes, devenue maître de conférences, fut responsable d'un contrat de recherche financé par l'une de nos banques systémiques. Elle dut renoncer – à la demande du financeur – à m'intégrer dans l'équipe de recherche de son étude au prétexte que je n'étais pas une « experte sérieuse ». Des rumeurs sur la stabilité mentale d'un des économistes s'étant opposé aux arguments du lobby bancaire ont circulé.

– Le placement des hommes du lobby bancaire dans les cabinets ministériels pour une meilleure efficacité du travail de sape. À titre illustratif, lors des discussions sur la loi de séparation et de régulation des activités bancaires, je fus reçue par Nicolas Namias, chargé du financement au cabinet du Premier ministre Jean-Marc Ayrault. Il avait été débauché à cette fin du groupe BPCE. Ce conseiller retourna à la banque dès la loi passée. En avril 2014, il devint membre du Comité exécutif de Natixis chargé de la stratégie… Les faits parlent d'eux-mêmes.

– La présentation de contre-vérités comme des faits avérés et la répétition de celles-ci à l'envi. C'est par exemple le cas du discours récurrent des banques – repris le plus souvent sans précaution par les décideurs politiques –, selon lequel les contraintes de Bâle 3, *a fortiori* de Bâle 4, en termes de capitalisation, les empêchent de financer l'économie. Nous montrerons ultérieurement, en nous appuyant sur des travaux académiques et de la BRI, que cette assertion est tout simplement fausse.

– Le résumé ou titre d'une étude ou d'une loi largement déconnecté de son contenu, afin d'induire une perception biaisée du texte ou de la réforme. La loi dite de séparation et de régulation des activités bancaires en France est l'archétype de ce type de mystification. J'ai eu l'occasion de dire, lors de mes auditions, qu'il s'agissait d'un déni de démocratie et que les parlementaires seraient bien inspirés de mettre en cohérence le titre de la loi et son contenu. S'ils refusaient d'instaurer une véritable séparation, alors le terme devait disparaître du titre de la loi. Pour autant, le titre de la loi est resté inchangé. La réponse qui m'a été donnée est que, si je n'étais pas satisfaite du travail des parlementaires, je devrais entrer en politique…

– Le « limogeage » d'un membre de jury considéré comme illégitime du simple fait de positions défavorables au lobby bancaire. Une collègue s'étant exprimée contre la nomination de François Villeroy de Galhau comme gouverneur de la Banque de France a dans la foulée été « débarquée » du jury du Prix du meilleur article financier, dont elle était membre depuis plusieurs années. La concomitance entre les deux faits n'est-elle qu'une coïncidence ?

– Le blocage de la nomination d'une personne « dérangeante ». En avril 2016, je fus pressentie pour être nommée par Claude Bartolone, président de l'Assemblée nationale, au collège de supervision de l'Autorité de contrôle prudentiel et de résolution. Son conseiller économique me reçut à l'Assemblée nationale et semblait très satisfait de cette proposition de nomination. Celle-ci, finalement, n'eut pas lieu. Aucune raison ne me fut donnée. Rappelons simplement que le collège de supervision est présidé par le gouverneur de la Banque de France… L'épisode n'a fait que me conforter quant au bien-fondé de la dénonciation des conflits d'intérêts évidents qu'impliquait la nomination d'un banquier à ce poste.

– Les soutiens financiers à des projets de recherche faisant diversion par rapport aux sujets centraux de régulation et/ou faisant la part belle aux positions du secteur régulé.

Les idées exprimées dans ce livre combinent donc le recul de l'universitaire, la pratique de l'enseignante à l'écoute de ses étudiants, à l'expérience d'une économiste engagée. Dans ce dernier rôle, mes motivations sont de faire de la finance et de la banque des sujets dont le citoyen doit impérativement s'emparer. Il ne s'agit aucunement de se placer dans la position de l'expert qui évince le citoyen par des arguments d'autorité. C'est exactement le contraire. La volonté qui m'anime est de démystifier la finance et son contrôle, et de donner les clefs pour une réflexion autonome du citoyen sur ces questions. Exercice difficile, car le « jargonnage » financier est un instrument de capture, mais exercice essentiel à la démocratie. Trop souvent, au nom de la technicité et de la complexité, les questions de finance désertent le débat public, à l'exception notable de leur dimension délictueuse et/ou amorale. Fraudes, scandales financiers en tout genre, salaires et bonus extravagants envahissent les journaux. Ils alimentent la défiance de la société à l'égard de la finance et nourrissent un populisme qui menace nos démocraties. La finance n'est vue qu'à travers le prisme de ses perversions. Même le cinéma en fait un sujet attractif : fictions avec *Margin Call*, *Le Loup de Wall Street* ou *The Big Short : le casse du siècle* ; documentaire-fiction avec *Cleveland contre Wall Street*, ou documentaire incisif avec *Inside Job*, qui débute par « La crise de 2008 était évitable »… La finance au cinéma est un monde de cupidité, de connivences et de conflits d'intérêts qui malheureusement n'est pas toujours très loin de la réalité. Difficile de dire que toute ressemblance ou similitude avec des situations ou pratiques existantes ou ayant existé ne serait que fortuite… Comment en sommes-nous arrivés là ?

Le canevas du livre

L'objet de cet ouvrage est de décrypter et d'analyser les canaux par lesquels opère la capture de la société par la finance. Ceux-ci sont multiples et enchevêtrés. Certains sont évidents, d'autres plus insidieux, mais leurs effets se cumulent pour conduire à une incapacité à se protéger d'une finance souvent devenue prédatrice. Ce livre ambitionne également de proposer quelques pistes de réformes à même de remettre progressivement la finance au service de la collectivité et de rétablir la confiance que les citoyens lui contestent aujourd'hui.

L'ouvrage est construit en trois temps : les deux premiers chapitres posent un constat sur les dérives de la finance qui nuisent à l'intérêt collectif ; les deux chapitres suivants s'attachent à décrypter deux voies puissantes de capture de la société par la finance : la capture intellectuelle et la capture collusive et corrosive ; enfin, le diagnostic étant posé, les trois derniers chapitres présentent des voies de réformes.

Chapitre I

Les maux de la finance contemporaine

Le 21 septembre 2015, Mark Carney, gouverneur de la Banque d'Angleterre, fit un discours remarqué et remarquable, intitulé « Les trois vérités de la finance[1] ». Il y dénonçait trois mensonges largement diffusés concernant la finance. Les conséquences de ces contre-vérités ont été et continuent d'être ravageuses pour l'économie et la société.

« Cette fois, c'est différent[2] » est le premier des mensonges. Cette expression désigne la conviction – maintes fois renouvelée et autant de fois infirmée dans l'histoire – que, cette fois, l'économie échappera à une crise financière. Elle désigne l'aveuglement collectif et la certitude que, cette fois, l'euphorie financière a des bases saines et n'est que le miroir des bonnes performances de l'économie réelle. Au nom de cette conviction, on crut dans les années précédant la grande crise que la maîtrise de l'inflation était la garantie de

---

1. http://www.bankofengland.co.uk/publications/Documents/speeches/2015/speech843.pdf.
2. Cette expression se réfère à l'ouvrage de C. Reinhart et K. Rogoff, *This Time is Different. Eight Centuries of Financial Folly*, Princeton University Press, 2009.

la stabilité financière. Rassuré, aveuglé, on baissa la garde et on laissa la dette privée s'accroître de manière inconsidérée. Que nos économies soient dopées à la dette fut d'autant plus accepté que cela répondait aux besoins des classes moyennes et populaires, dont le pouvoir d'achat stagnait, voire se contractait. Comme le souligne Adair Turner : « Dans les années pré-crise, l'orthodoxie économique fut caractérisée par l'anathème contre la création monétaire des gouvernements et par une attitude totalement relâchée à l'égard du niveau de dette privée créée par les marchés. Ce dernier conduisit à un désastre dont souffrent encore de nombreux citoyens ordinaires à travers le monde[1]. »

Le deuxième mensonge est que « les marchés se compensent toujours[2] ». Derrière cette expression absconse se niche la croyance selon laquelle la finance peut s'autoréguler. Si les marchés se compensent toujours, ils sont supposés en équilibre et ont toujours raison. Il est donc inutile de chercher à identifier des bulles financières, et *a fortiori* de s'attaquer à leurs causes. Cette croyance dans l'autorégulation spontanée des marchés financiers explique largement le manque de réactivité des autorités monétaires et des régulateurs aux développements de bulles immobilières et boursières. Plus spécifiquement aux États-Unis, cette croyance légitima l'inaction publique face à l'essor du segment des crédits subprimes au début des années 2000. Il s'agit de crédits hypothécaires à risque, à savoir des crédits octroyés à des ménages peu

1. *Between the Debt and the Devil*, Princeton University Press, 2016, p. 14.
2. « *Markets always clear* ».

solvables contre la prise en garantie par la banque du bien immobilier financé par le crédit. Les autorités laissèrent également se développer des innovations financières qui étaient censées rapprocher les marchés financiers d'un modèle théorique idéal dans lequel effectivement l'autorégulation fonctionne... C'est un peu comme si l'on avait cherché à façonner la réalité pour qu'elle colle à ce que nous dit la théorie. Dans la réalité, ces marchés dérivés et la titrisation ont diffusé et transféré les risques de manière opaque, de sorte qu'ils ont contribué à amplifier et non à atténuer les risques globaux.

La croyance en la « moralité des marchés » est le troisième mensonge de la finance. Elle véhicule une vision idyllique des marchés financiers. D'une part, en finançant les entreprises pour embaucher, investir et accroître leurs activités, les marchés financiers soutiennent la croissance et contribuent au bien commun en créant des opportunités d'investissement. D'autre part, ils permettent aux ménages et aux entreprises de se couvrir contre des risques qu'ils ne souhaitent pas porter. Cette conception idéalisée de la finance nie le fait que, livrés à eux-mêmes, les marchés financiers sont perméables aux excès et abus. De nouveau, le retour à la réalité est douloureux. Les scandales financiers à répétition attestent ces prédispositions aux fraudes, manipulations et autres comportements répréhensibles portant atteinte à la confiance de la société dans la finance.

La libéralisation et la globalisation financière se nourrirent de ces trois mensonges et de cette représentation erronée de la finance. Ces croyances fallacieuses légitimèrent l'inaction des banques centrales, autorités publiques et superviseurs. Ceux-ci, dans la période pré-crise, furent dans le déni des risques et effets pervers multiples d'une hypertrophie de la finance. Plus étonnant, après la crise financière globale dont les effets réels ont été et sont dévastateurs, ces croyances perdurent trop souvent. Elles semblent dotées d'une capacité de résistance considérable aux preuves empiriques. Des inflexions ont eu lieu, des réglementations se sont mises en place. Pourtant, il n'y a pas eu de véritable rupture avec le paradigme sous-jacent aux mensonges énoncés par Mark Carney. Nous tenterons dans cet ouvrage de comprendre pourquoi. Quels sont les ressorts de cette inertie des croyances ?

Dans un premier temps, analysons certains des maux les plus graves de la finance contemporaine.

Une finance libéralisée intrinsèquement instable

Les crises financières ont été beaucoup plus fréquentes depuis le milieu des années 1970 qu'elles ne le furent au cours des trois décennies ayant suivi la Seconde Guerre mondiale. On peut même dire, suivant en cela Moritz Schularick et Alan M. Taylor[1], que « la fréquence des crises dans la période 1945-1971 est virtuellement nulle […] mais, depuis 1971, les crises sont devenues plus fréquentes, se produisant

1. M. Schularick et A. Taylor, « Credit booms gone bust : monetary policy, leverage cycles and financial crisis ; 1870-2008 », *American Economic Review*, 102 (4), 2012.

avec une probabilité annuelle de 4 %[1] ». Que s'est-il donc passé pour induire une telle rupture ? Au lendemain de la Seconde Guerre mondiale, en réponse aux ravages de la grande crise financière des années 1930, la finance a été pour quelques décennies très réglementée, segmentée, cloisonnée dans la plupart des pays développés. À partir du début des années 1970, une vague de libéralisation financière bouleverse radicalement le paysage financier. La finance connaît alors une expansion bien plus rapide que l'économie réelle. Les innovations financières foisonnent et ne sont plus bridées par les autorités publiques. La finance occupe une part croissante dans le PIB de la plupart des pays. Cette période de libéralisation financière enregistre un accroissement considérable de la dette privée[2]. Ainsi, en 1945, la dette du secteur privé (ménages et entreprises) était d'environ 50 % du PIB américain ; en 2007, elle avait atteint 160 %. Au Royaume-Uni, en 1964, la dette des ménages représentait 15 % du PIB ; en 2007, 95 %. En Espagne, la dette privée totale était de 80 % en 1980, de 230 % en 2007[3]. Ce surdimensionnement de la finance s'est accompagné d'un essor parallèle de la complexité des produits financiers – dérivés, structurés… – et des interconnexions au sein du système. La période de forte réglementation de la finance fut souvent qualifiée de période de « répression financière ». Or, les mots ont un sens et ce qualificatif porte en lui toute la réprobation de

1. Ce pourcentage signifie une probabilité de quatre crises par an sur un échantillon de cent pays.
2. R. Greenwood et D. Scharfstein, « The Growth of Finance », *Journal of Economic Perspective*, 27 (2), 2013.
3. Ces chiffres sont tirés de l'ouvrage d'A. Turner déjà cité.

ceux qui l'employaient, sous-entendant qu'une finance bridée entravait la croissance et distordait l'allocation des ressources et l'appréciation de risques. Pourtant, non seulement cette période bénie écarta les risques et coûts afférents aux crises financières, mais elle fut aussi une période de très forte croissance dans la plupart des pays développés. Cherchez l'erreur !

L'instabilité endogène de la finance libéralisée

La crise financière globale de ce début de XXIe siècle illustre dramatiquement l'instabilité de la finance dès lors qu'elle est libéralisée, globalisée et insuffisamment régulée. Comment a-t-on pu l'oublier ? L'histoire longue témoigne pourtant à l'envi de cette incapacité de la finance à s'autoréguler[1]. La première bulle spéculative recensée est celle qui a touché les bulbes de tulipe dans la Hollande du XVIIe siècle. Elle fut alimentée par des achats et ventes à découvert, c'est-à-dire des promesses de vente et d'achat de produits que l'on ne possède pas[2]. L'histoire du capitalisme n'est pas avare de ces crises financières. Elles auraient dû mieux nourrir la réflexion des économistes et constituer autant de garde-fous contre les dérives observées depuis près de quarante ans. Comme l'a montré Charles Kindleberger[3], il existe, au-delà des formes

1. On se référera à C. Chavagneux, *Une brève histoire des crises financières*, La Découverte, 2011.
2. Les prix commencent à augmenter en 1634, progressent toute l'année 1635 et 1636, et une véritable bulle se développe fin 1636-début 1637.
3. C. Kindleberger, *Histoire mondiale de la spéculation financière*, P.A.U., 1994.

spécifiques de chaque crise financière, une sorte de schéma commun. Ce dernier conforte l'hypothèse d'instabilité financière que Keynes avait déjà formulée en décrivant les mécanismes qui ont conduit à la grande crise des années 1930. Cette hypothèse d'une finance intrinsèquement instable a été systématisée par Hyman Minsky (économiste post-keynésien) dans les années 1970-1980. Elle fournit une interprétation très éclairante des crises financières propres au fonctionnement du capitalisme financiarisé. Minsky défendait l'idée d'une tendance des économies capitalistes offrant à la fois des financements par le marché et par le crédit bancaire à engendrer des phases de vulnérabilité financière croissante. Les enchaînements en cause dans le cycle de *boom and bust* (expansion-récession) coïncident avec ceux répertoriés et analysés dans les travaux de l'historien Kindleberger sur les crises financières.

Le schéma général se structure par des périodes successives :

– L'essor est la période qui suit généralement une récession ou un fort ralentissement conjoncturel. Elle se caractérise par un investissement soutenu, financé par le crédit bancaire. Dans cette phase, il n'y a pas de désajustements entre l'expansion du crédit et la progression des revenus. Ce climat économique favorable alimente des anticipations économiques optimistes qui soutiennent la hausse des prix d'actifs. La finance reste saine.

– L'euphorie est une phase d'emballement du crédit relativement aux revenus et d'accélération dans le processus de hausse des prix boursiers et immobiliers. Cette situation crée deux fragilités financières. D'une part, elle alimente le surendettement, c'est-à-dire un endettement excessif relativement aux capacités de remboursement ; d'autre part, elle conduit à une sous-évaluation des risques. Si l'on est dans un contexte de libre circulation des capitaux, ces fragilités financières se diffusent à l'échelle internationale.

– Le paroxysme est le point haut de ces dynamiques déstabilisantes. La phase d'euphorie a considérablement accru le levier d'endettement (on se finance avec très peu de capital et beaucoup de dette) et des vulnérabilités financières cachées se sont développées. Pourquoi sont-elles cachées ? Elles sont occultées par la hausse des prix boursiers et immobiliers, qui crée une apparence de prospérité, conforte le sentiment que la situation économique est stable et saine, ce qui ne fait qu'accélérer la dérive de l'endettement. Celle-ci est également alimentée par le canal des collatéraux. De quoi s'agit-il ? La dette étant « garantie » par des biens immobiliers ou des actifs financiers (les collatéraux), la hausse de leurs prix sur les marchés donne un sentiment de sécurité à ceux qui prêtent et, dans le même mouvement, accroît la capacité d'endettement de ceux qui empruntent. À l'approche du reflux, le processus devient vulnérable à tout événement susceptible de provoquer un retournement des anticipations et donc un effondrement des prix des collatéraux qui gagent les prêts.

– Le reflux désigne la période de retournement des dynamiques financières et de basculement dans la crise. Les deux forces à l'œuvre sont la course vers la liquidité et la montée subite de l'aversion pour le risque de ceux en charge de fournir cette liquidité. Si cette défiance atteint les banques, elle entraîne une situation de rationnement de l'offre de crédit qui pèse sur la croissance.

– Enfin, la dernière phase est une phase douloureuse de désendettement et de restructuration des bilans. Elle est marquée par une volonté de réduire la dette, qu'entrave la baisse du prix des collatéraux en raison de l'éclatement de la bulle financière. Celle-ci crée des pertes difficiles à absorber du fait de la contraction de la dépense privée et donc des revenus qui caractérise cette période. Les restructurations de bilans s'accompagnent donc de nombreuses faillites qui amplifient le caractère dépressif du contexte économique. La durée de cette phase d'ajustement dépend essentiellement de l'ampleur, de la rapidité et de la pertinence des réponses économiques des États.

À l'appui de ses analyses, Minsky distingue trois types de comportements concernant le financement des investissements. (1) Le financement couvert (*hedge financing*) désigne des situations où les flux de trésorerie futurs attendus (cash flows espérés) dépassent les charges financières à chaque période. Il s'agit d'une finance saine puisque le paiement des intérêts et du montant emprunté non encore remboursé est couvert par le rendement attendu de l'investissement. (2) Le financement spéculatif (*speculative financing*) concerne des situations où les flux de trésorerie courants sont inférieurs aux charges financières courantes, mais où ils couvrent néanmoins les intérêts à payer sur la dette. Cela signifie que le remboursement du montant emprunté (le principal) repose sur un renouvellement continuel de la dette. Enfin, (3) dans le financement à la Ponzi (*Ponzi financing*), les revenus de l'investissement ne permettent même pas de couvrir les charges d'intérêt. Dans ce cas, seul un accroissement de la dette à chaque période ou des ventes d'actifs empêchent le défaut des agents engagés dans ce type de financement. La part de la finance Ponzi se développe systématiquement quand la finance est déréglementée et globalisée. Cette finance Ponzi, dominée par des logiques spéculatives, est fondamentalement instable. Les dérives du crédit sont alors entretenues par la recherche de rendements de court terme, notamment *via* les plus-values latentes. Elles se mesurent par la différence entre le prix auquel on a acheté un actif et son prix sur le marché du moment. Quand il y a une bulle, les prix des actifs augmentent fortement, et donc les plus-values latentes également ; mais, tant que l'actif n'est pas vendu, les plus-values restent simplement potentielles.

L'une des grandes leçons à retenir de Minsky est que les périodes de calme apparent sont celles dans lesquelles se forgent les fragilités financières sans qu'elles soient perçues par les acteurs de la finance : c'est le « paradoxe de la tranquillité ». Quels en sont les ressorts ? Un premier élément explicatif concerne la variabilité et la procyclicité de l'aversion pour le risque. De quoi s'agit-il ? Le comportement économique des individus face aux risques, c'est-à-dire leur plus ou moins grand appétit à prendre des risques, n'est pas constant dans le temps. À certaines périodes, les acteurs de la finance sont « frileux » et donc averses aux risques. À d'autres périodes, les mêmes agents peuvent au contraire s'exposer fortement aux risques financiers. Nous sommes, là, loin des conceptions de la théorie standard de la finance qui considère l'aversion pour le risque comme une constante psychologique dont sont dotés les agents. Le monde serait ainsi composé d'agents prudents (averses au risque) et d'agents téméraires (aimant le risque). C'est un peu comme faire l'hypothèse que sur la route les conducteurs soit sont toujours très prudents, soit adoptent toujours une conduite à risque, en niant que chacun d'entre nous peut basculer d'un type de conduite à l'autre en fonction des circonstances, de la présence ou non de gendarmes ou de radars…

Cette hypothèse de constance de l'aversion au risque a pour vertu, en cas de choc, d'induire des comportements de retour vers l'équilibre. Elle exclut la possibilité d'une instabilité intrinsèque de la finance. Dans la réalité, le rapport au risque n'est pas une caractéristique psychologique immuable propre à chaque individu. Chacun voit au contraire son aversion ou son appétit pour le risque se modifier selon la conjoncture. La variation du prix du risque amplifie le cycle financier plutôt que de l'amortir, et donc s'oppose au retour vers l'équilibre. C'est ce que l'on appelle la procyclicité. La grande majorité des acteurs de la finance voient leur rapport au risque évoluer dans le même sens au cours du temps. Dans les périodes d'euphorie financière, l'aversion pour le risque dans les marchés du crédit baisse à la fois pour les demandeurs et pour les offreurs de crédit. Cet appétit généralisé pour le risque fragilise les marchés du crédit précisément quand les agents pensent au contraire que le risque est minimal puisque les profits sont hauts, l'inflation basse et le coût du crédit bon marché. Le surendettement et les vulnérabilités financières qui l'accompagnent se développent sournoisement alors que l'économie semble bien se porter.

À cette procyclicité de l'aversion pour le risque s'ajoutent d'autres mécanismes expliquant le paradoxe de la tranquillité. Ainsi, quand l'optimisme économique domine, le recours à l'endettement dope les profits. Cette profitabilité accrue conforte les ménages et les entreprises dans leur choix d'augmenter leur endettement et dans leurs anticipations de hausse des prix d'actifs financiers et immobiliers. Un peu comme si le futur était nécessairement la simple perpétuation du passé. La détérioration de la qualité des crédits n'est pas perçue par les acteurs de la finance, elle est cachée par l'accroissement des prix boursiers. D'une part, ceux qui détiennent les actifs se sentent plus riches. C'est l'effet de richesse. D'autre part, les prêteurs sont soumis au même aveuglement que les emprunteurs. Ils se sentent protégés du risque de non-remboursement des prêts, car ils peuvent vendre les actifs pris en garantie de leur créance en cas de défaut de l'emprunteur. Cette fausse perception alimente la concurrence entre prêteurs pour attirer de nouveaux emprunteurs et nourrit donc le surendettement. Les prêteurs octroient davantage de prêts et différencient moins entre les emprunteurs selon leur degré de risque. La recherche d'enrichissement par les plus-values conduit les emprunteurs à être moins prudents. Ils s'endettent au point d'être incapables de faire face à une diminution de leurs propres revenus ou à un accroissement non anticipé de la volatilité des actifs, c'est-à-dire de l'amplitude des variations des cours. Poussé à l'excès, ce comportement amène certains agents à compter sur l'augmentation des prix d'actifs (financiers ou immobiliers) plutôt que sur leurs revenus pour honorer leur dette. La part de la finance spéculative et Ponzi s'accroît fortement et fragilise tout le système financier à un retournement du cycle.

Cette interdépendance entre marché du crédit et marché des actifs financiers et immobiliers est au cœur de l'instabilité financière contemporaine. Elle crée un cercle vicieux. Offre et demande de crédit dépendent toutes deux positivement de la hausse des prix d'actifs, qui elle-même est nourrie par la dérive du crédit. Il y a donc ce que les économistes appellent pompeusement une « boucle d'effet de rétroaction positive », à la hausse comme à la baisse, entre ces deux marchés. Formulation savante pour dire que leurs dérives s'alimentent mutuellement avec des effets amplificateurs, sans aucun mécanisme interne permettant de mettre fin à ce cercle vicieux. Le coût du crédit, c'est-à-dire la hausse des taux d'intérêt, ne suffit plus à réguler la demande de crédit en freinant sa progression.

Commerce de promesses et illusion de la liquidité

Essayons d'aller un peu plus loin dans notre compréhension de cette incapacité de la finance à s'autoréguler. Transférer de la richesse dans le temps constitue l'une des fonctions essentielles de la finance. Cependant, rien n'assure que les promesses de revenus futurs pourront être effectivement honorées. Si l'on y réfléchit bien, la finance ne fait que vendre contre de la monnaie qui permet de dépenser immédiatement un droit sur une part de la richesse qui sera produite dans le futur. Le fait de prêter repose donc sur une vision de l'avenir. Si l'on prête des fonds, c'est que l'on anticipe que, dans le futur, la situation du débiteur sera telle qu'il pourra rembourser intérêt et montant emprunté. Mais rien ne permet de garantir absolument que ces droits seront effectivement honorés. Dans une économie fondée sur le crédit, les droits financiers peuvent être émis en excès. Si tel est le cas, les droits financiers du prêteur ne peuvent être respectés qu'en réduisant la part relative des autres droits financiers. Il y a toujours dans la finance un conflit de répartition potentiel d'une part entre créanciers et débiteurs, d'autre part entre les différents créanciers. L'issue de ces conflits de répartition est incertaine. La finance n'est donc qu'un « commerce de promesses[1] ». C'est également pour cela qu'il n'existe aucun moyen absolument sûr de transférer de la richesse dans le temps. Pour autant, le risque d'un non-respect des promesses n'est pas constant. Il est d'autant plus fort que le prix de ces promesses, à savoir la valeur de marché des actifs financiers ou immobiliers, peut être soumis à des bulles et à des krachs. En d'autres termes, le « commerce de promesses » qu'est la finance dans son essence est potentiellement d'autant plus un marché de dupes que la finance est libéralisée. Plus les logiques de spéculation s'expriment sans contrainte, plus la recherche systématique de plus-value soustend les dynamiques de marché, plus le risque que les promesses financières ne soient pas tenues est grand.

1. Expression empruntée à Pierre-Noël Giraud, *Le Commerce des promesses*, Point Économie, 2009.

L'autre caractéristique de la finance qui entretient son instabilité tient à l'illusion de la liquidité. L'économie productive a besoin de financement à long terme, mais les épargnants souhaitent pouvoir à tout moment récupérer leur mise. Il y a donc incompatibilité entre les besoins de financement à long terme et la volonté des épargnants de ne pas s'engager sur des horizons longs. Cette appétence de ceux qui ont des capacités de financement pour des investissements financiers réversibles (liquides) s'explique facilement d'un point de vue individuel. Investir son patrimoine financier en actifs aisément convertibles en cash permet de faire face à des besoins en liquidité non prévus, comme ceux liés à la perte d'un emploi ou au remplacement d'une chaudière. Cela facilite également le réaménagement des portefeuilles de titres financiers. La liquidité des actifs confère donc souplesse et agilité dans la gestion de l'épargne financière. Si les motivations individuelles sont évidentes, d'un point de vue macroéconomique la recherche de liquidité des titres financiers est une arme à double tranchant. Elle est la condition qui permet la mobilisation des capitaux à long terme. C'est parce que les marchés secondaires – ceux sur lesquels s'échangent les titres déjà émis – organisent la réversibilité des investissements que l'épargne s'y investit. En même temps, la liquidité peut être une tyrannie. Elle raccourcit et rabat l'horizon d'investissement sur le court terme. Si un doute émerge sur la valeur future d'un actif financier, on se rassure en croyant que l'on peut le vendre à n'importe quel moment pour récupérer en contrepartie de la monnaie. Pourtant, si tous les détenteurs de l'actif raisonnent de la sorte et tentent de le vendre en même temps, il ne vaudra plus rien.

La liquidité a une propriété étonnante : elle n'existe que tant qu'on ne la teste pas de manière généralisée. La liquidité donne l'illusion d'une réversibilité inconditionnelle des décisions financières. Mais la promesse de liquidité, c'est-à-dire la promesse de toujours trouver une contrepartie sans perte en capital, ne peut être assurée que tant que les anticipations sont hétérogènes. Si tout le monde pense que le marché va s'effondrer, il va effectivement s'écrouler ! Plus personne ne voudra acheter. Même si cette croyance d'un effondrement du marché n'est pas fondée, elle va engendrer sa réalisation. C'est ce que l'on appelle une prophétie autoréalisatrice. Le marché devient alors à sens unique. Pour qu'il y ait liquidité d'un marché, il faut que les deux côtés du marché aient une vision différente de l'avenir économique, afin de faire des paris différents. La recherche effrénée et généralisée de la liquidité dans les périodes de crise financière est un symptôme de défiance et de repli sur la monnaie quand l'avenir devient radicalement incertain.

Le fétichisme de la liquidité

La finance libéralisée se caractérise par son fétichisme de la liquidité, pour reprendre l'expression de Keynes. Celui-ci reflète le court-termisme d'une finance mue par la recherche de plus-values rapides et dont la logique est avant tout spéculative. Le trading à haute fréquence (THF) illustre jusqu'à la caricature ce fétichisme de la liquidité. D'aucuns parlent à son propos de sociétés de l'accélération. Le THF témoigne également de la non-neutralité de la technique.

Le trading à haute fréquence[1] est une forme de trading algorithmique. Le principe est simple : c'est une technique de transaction qui repose sur des machines capables d'exécuter des ordres à très grande vitesse afin de tirer profit d'écarts de prix minimes sur les valeurs. Ces outils automatiques arbitrent, fractionnent, achètent, vendent avec une échelle de temps qui n'est plus celle maîtrisée par un être humain. Les ordinateurs peuvent ainsi exécuter des ordres en un temps calculé en microsecondes. Il faut 350 millisecondes pour cligner des yeux ; cette fraction de seconde était, en 2013, le temps nécessaire à un algorithme pour effectuer 7 000 transactions... Dans un tel écosystème, le cerveau humain est battu. Son temps de réaction se situe entre 650 millisecondes (0,65 seconde) et 1 seconde. Sur le fond, l'objectif d'un trader à haute fréquence est censé être le même que celui d'un trader classique. Pour simplifier, il s'agit d'acheter bas et de vendre haut afin de réaliser une plus-value. La vitesse de réaction des algorithmes de trading ne cesse de croître. Cette course contre le temps est hallucinante. Nous sommes maintenant face à un cyber-réseau globalisé de marchés financiers fonctionnant en automatique à des vitesses défiant tout contrôle humain.

Pour ses défenseurs, le trading algorithmique augmente la liquidité des actifs et favorise ainsi une

1. Pour une présentation très pédagogique du trading à haute fréquence, voir le webminar proposé par Finance Watch en janvier 2013, http://www.finance-watch.org/informer/blog/373-trading-haute-frequence?lang=fr.

réduction des spreads, cet écart entre deux taux d'intérêt ou entre le prix d'achat et le prix de vente d'un même actif. En présence de traders à haute fréquence, l'assurance de liquidité serait donc renforcée. Pourtant, l'Autorité des marchés financiers, dans une étude publiée en janvier 2017[1], constate qu'en moyenne les traders à haute fréquence consomment plus de liquidité qu'ils n'en apportent, et plus particulièrement dans les périodes durant lesquelles la volatilité est plus élevée. Pour dire les choses autrement, c'est précisément quand les marchés ont le plus besoin de liquidité que le THF pèse sur celle-ci. Le THF est donc censé fournir une assurance en liquidité… qui disparaît quand on en a besoin. Un vrai progrès !

Surpassant l'homme dans sa faculté de calcul, un robot trader peut détecter des anomalies de marché et est censé rétablir l'équilibre entre les différentes places boursières. Mais il s'agit d'une liquidité fantôme, car au moins 95 % des ordres sont annulés dans la seconde. Seuls 1 à 5 % des ordres placés par les algorithmes sont exécutés. Pourquoi tant d'ordres annulés ou d'ordres fantômes ? Parce que le trading à haute fréquence poursuit des objectifs peu avouables. Les algorithmes tentent en permanence de constituer la cartographie la plus fine possible du marché. Pour ce faire, l'automate lance des milliers d'opérations sans acheter ou vendre la plupart du temps, dans la mesure où leur finalité n'est pas la transaction, mais la collecte d'informations. L'objectif est alors de « lire »

1. Le comportement des traders à haute fréquence sur Euronext Paris, https://www.amf-france.org/Publications/Lettres-et-cahiers/Risques-et-tendances/Archives?docId=workspace%3A%2F%2FSpacesStore%2F619a82db-11ea-4544-a03e-991b7af2864d.

le marché avant les autres et d'en profiter. Comme l'écrit Jean-Michel Naulot, qui fut membre du collège de l'Autorité des marchés financiers de 2003 à 2013 : « Le trading à haute fréquence est en réalité la version moderne d'une pratique ancienne, strictement interdite, le *front running*, qui consiste à profiter de la connaissance des ordres d'un client pour passer avant lui et en tirer profit[1]. » Le THF permet donc des abus de marché à grande échelle et des atteintes graves à l'intégrité des marchés. La difficulté pour les superviseurs est de prouver ces délits. Il arrive pourtant que des sanctions soient prises. Ainsi, la commission des sanctions de l'Autorité des marchés financiers a prononcé le 4 décembre 2015 une sanction de 5 millions d'euros à l'encontre d'une société de trading à haute fréquence, Virtu Financial Europe, pour manipulation de cours et méconnaissance des règles de marché d'Euronext[2]. Elle a également prononcé une sanction du même montant à l'encontre de la société Euronext Paris pour ne pas avoir respecté l'obligation d'exercer ses activités avec neutralité et impartialité, dans le respect de l'intégrité du marché.

Outre cette menace permanente sur l'intégrité des marchés, le trading à haute fréquence peut provoquer des krachs boursiers d'un nouveau genre : les *flash krachs*. Ainsi, le jeudi 6 mai 2010 à 14 h 42, l'indice

1. J.-M. Naulot, *Crise financière. Pourquoi les gouvernements ne font rien*, Seuil, 2013.
2. L'AMF a précisé les motivations de cette condamnation dans le communiqué de presse suivant : http://www.amf-france.org/Actualites/Communiques-de-presse/Comission-des-sanctions.html?docId=workspace%3A%2F%2FSpacesStore%2Fd83d375f-f736-40d0-9412-f722decfb4cc.

phare américain perdait plus de 9,2 % en l'espace de seulement dix minutes. Jamais la Bourse de New York n'avait connu une telle dégradation en si peu de temps. La firme de trading à haute fréquence Nav Sarao Futures a été accusée d'avoir contribué à ce *flash krach* en manipulant les contrats sur indices boursiers (E-mini S&P500). Le trader britannique Navinder Singh Sarao a d'ailleurs été arrêté en avril 2015 à la demande du département américain de la Justice. Outre son implication dans le *flash krach* de 2010, ce trader aurait gagné 40 millions de dollars entre 2010 et 2014 par une activité frauduleuse sur le Chicago Mercantile Exchange. Il aurait recouru à la technique du *spoofing*. Celle-ci consiste à manipuler un cours de Bourse en inondant le marché d'ordres d'achat ou de vente avant de les annuler au dernier moment. Lors du *flash krach* de 2010, une fois la baisse des cours enclenchée, *via* un effet boule de neige alimentée par les ventes massives d'autres traders algorithmiques, Sarao aurait vendu des contrats à terme pour les racheter à un cours inférieur.

Les financiers anglo-saxons résument le danger du trading algorithmique par la formule imagée : *from high speed trading to high speed crashing*. Cette course au temps a une conséquence grave : les régulateurs ne peuvent plus faire respecter la notion d'équité sur le marché.

Le trading à haute fréquence, emblématique du fétichisme de la liquidité, éloigne les marchés financiers de leur raison d'être, à savoir servir les intérêts des investisseurs de moyen et long terme afin de permettre aux entreprises de lever des capitaux au meilleur prix possible. Nul besoin d'être un expert en finance de marché pour le comprendre.

Une hyper-financiarisation aux effets pernicieux sur la croissance et les inégalités

Propension aux crises financières, terrain permissif aux fraudes et autres délits financiers ne sont pas les seuls effets nocifs pour la collectivité d'une finance libéralisée, globalisée et insuffisamment régulée. Des travaux de recherche récents soulignent d'autres effets pervers de l'hyper-financiarisation sur la croissance et sur les inégalités.

L'obésité de la sphère financière

Les pays développés, et l'Union européenne en particulier, souffrent d'une hypertrophie de la finance et d'une déconnexion entre la sphère financière et la sphère réelle. Ce phénomène est massif, mais difficile à mesurer dans toutes ses dimensions.

Quelques évolutions, chiffres ou ordres de grandeur devraient néanmoins aider le lecteur à percevoir l'ampleur du problème.

Des années 1980 à la crise de 2007-2008, la finance a crû à un rythme beaucoup plus rapide que l'économie réelle. La progression annuelle du crédit a été bien plus forte que la croissance du PIB, et le volume des transactions financières a explosé. Ces évolutions quantitatives se sont accompagnées d'une profonde transformation qualitative de la finance avec la multiplication d'innovations financières. Certaines d'entre elles ont été au cœur de la crise financière globale.

Développement considérable d'une finance de l'ombre échappant au régulateur, complexification inédite de la sphère financière, densification des interconnexions entre institutions financières de plus en plus grosses, toutes ces évolutions donnent le sentiment d'une perte de contrôle sur le système financier.

Cette hypertrophie de la finance se reflète notamment dans l'accroissement spectaculaire de l'endettement des acteurs privés avant crise. Ainsi, d'après Carmen Reinhart et Kenneth Rogoff[1], l'endettement intérieur privé – ménages et entreprises – dans les économies avancées représentait environ 50 % du PIB en 1950 et près de 160 % du PIB en 2007. Dans la zone euro, l'endettement privé a néanmoins reculé depuis cette date. Ainsi, le taux d'endettement du secteur privé non financier atteignait 164 % du PIB en 2013[2], mais en 2015 il avait régressé à 124,3 % et, fin 2017, il se fixait à 119,9 % du PIB. Ces chiffres masquent de grandes différences entre les pays. Ainsi, pour 2017, le taux d'endettement privé était pour l'Allemagne de 86,9 %, pour la France de 130,2 %, pour l'Italie de 108,4 % et pour l'Espagne de 129,7 %. À titre de comparaison, pour le Royaume-Uni, ce taux d'endettement privé est de 156,3 %[3].

1. C.M. Reinhart et K. Rogoff, « Financial and sovereign debt crises : some lessons learned and those forgotten », *IMF Working Paper* n° 13/266, 2013.
2. Ces chiffres sont tirés du Geneva Report on the World Economy, n° 16, septembre 2014, « Deleveraging, What Deleveraging ? ».
3. Les chiffres pour 2015 et 2017 sont tirés d'une fiche Stat info de la Banque de France du 4e trimestre 2017 : https://www.banque-france.fr/sites/default/files/webstat_pdf/tau_end_anf_com_int_2164_fr_si_endet_comparaisons_internationales_2017t4.pdf.

Parmi les autres mesures permettant d'appréhender cette hypertrophie de la finance, on peut citer la capitalisation boursière, qui a triplé relativement au PIB au cours des quarante dernières années[1]. L'explosion des encours de produits dérivés est également symptomatique. Elle illustre la complexification de nos systèmes financiers et l'expansion de la finance peu régulée. Selon les statistiques de la Banque des règlements internationaux (BRI), les encours de produits financiers dérivés au niveau mondial ont été multipliés par 12 en moins de vingt ans, alors que le PIB mondial sur la même période a été multiplié par 2,3. Il convient cependant de souligner que, contrairement à ce qui se passait avant crise, environ les deux tiers de ces produits dérivés bénéficient désormais de garantie et passent par une chambre de compensation[2]. En Europe, aujourd'hui, 90 % des swaps de taux d'intérêt et 40 % des assurances CDS (*credit default swap*, contrat d'assurance contre les défauts) sont compensés par l'intermédiaire de chambres de compensation basées à Londres. Celles-ci assurent aux vendeurs et acheteurs de contrats dérivés la bonne fin de leur transaction. En conséquence, elles concentrent le risque de contrepartie et sont donc devenues des institutions systémiques[3].

1. OECD, Finance and Inclusive Growth. Economic Policy Paper, 2015.
2. Sur ce point, voir la note Terra Nova de V. Bignon, « Quelle architecture financière pour l'Europe post-Brexit ? Droit financier et géographie de la monnaie », http://tnova.fr/system/contents/files/000/001/561/original/Terra-Nova_Note-Architecture-financiere-post-Brexit_02052018.pdf?1525258899.
3. *Ibid.*

La taille des acteurs financiers, bonne approximation de leur caractère systémique, témoigne également du développement extravagant de la finance. En 2006, la taille cumulée des vingt-huit banques systémiques globales était de 37 800 milliards de dollars, soit une taille moyenne de 1 350 milliards ; en 2013, la taille cumulée s'établissait à 49 200 milliards de dollars, soit une taille moyenne de 1 757 milliards… Les plus grandes banques ont, pour certaines, des expositions sur les marchés dérivés considérables, de l'ordre de plus de 10 à 15 fois le PIB de leur pays d'origine. Bien sûr, les banques mettent en avant que les chiffres notionnels – c'est-à-dire le capital théorique sur lequel portent les contrats – ne reflètent pas les risques qu'elles prennent en raison de la compensation entre les positions. Cet argument est valide… quand tout va bien. Le problème posé par cette classe d'actifs est celui du risque de contrepartie, qui est massif et se révèle en période de stress financier. Le risque de contrepartie est le risque qu'un emprunteur ne puisse plus rembourser tout ou partie de ses engagements.

Pour comprendre cela, comparons les CDS, dérivés de crédit qui sont des sortes d'assurance contre le risque de crédit, à des produits d'assurance classique, type multirisque habitation. Si notre maison brûle, l'assurance est engagée sur la valeur de la maison. C'est ce que l'on appellerait le « notionnel » sur les marchés de produits dérivés. Si l'on a acheté une assurance contre le défaut d'un débiteur – *via* un CDS – et si celui-ci fait faillite, le vendeur de protection se substitue au débiteur selon les termes du contrat. Le notionnel représente donc l'exposition de la banque si le risque se réalise. Dans le monde réel, il est rare que toutes les maisons brûlent en même temps. Les assurances peuvent donc jouer sur la loi des grands nombres pour tarifer au mieux leurs engagements à nous rembourser en cas d'incendie de notre maison. C'est très différent en finance. Dans les périodes de stress financier, toutes les « maisons » peuvent brûler simultanément. Cela signifie que des risques de défaut qui en période normale semblaient peu corrélés entre eux peuvent subitement devenir extrêmement corrélés, c'est-à-dire évoluer dans le même sens et mettre à mal la solvabilité des banques qui y sont massivement exposées.

L'hypertrophie de la finance, quelle que soit la métrique mobilisée, semble donc bien établie. Pis, loin d'avoir régressé depuis la crise, elle s'est accrue, notamment dans la zone euro. Ainsi, le rapport sur les structures financières de la BCE[1] indique que la taille du secteur financier de la zone euro est passée entre 2008 et 2016 de 5,3 à 6,4 fois le PIB de la zone... Par ailleurs, la concentration bancaire dans la zone euro reste à un niveau excessivement élevé. Le point haut a été atteint en 2014 avec 48,4 % du total des actifs bancaires de la zone détenus par les cinq plus grandes banques (en 2008, ce chiffre était de 44 %). Depuis, la décrue a été très faible puisque, en 2016, ce ratio se fixe à 47,7 %.

1. BCE, Report on Financial Structures, octobre 2017.

Quand la finance nuit à la croissance et à l'activité réelle

D'un point de vue macroéconomique, nombre d'études empiriques récentes attestent que l'hyper-financiarisation nuit à la croissance[1]. Plus précisément, l'essor de la finance soutient la croissance dans des économies peu financiarisées, en particulier dans certains pays en développement. Au contraire, il pèse sur la croissance dans des économies où le secteur de la finance est très avancé. Le diagnostic commun à l'ensemble de ces travaux est qu'il existe un seuil de développement de la finance au-delà duquel elle devient prédatrice de l'économie. La plupart des économies développées sont très au-delà de ce seuil, et cela quelle que soit la métrique utilisée. Cela signifie que, compte tenu des niveaux de financiarisation atteints par la plupart des pays de l'OCDE, l'accumulation additionnelle de crédit réduit la croissance de long terme. La sur-financiarisation pourrait donc être l'un des facteurs expliquant la tendance de nos économies à avoir une croissance durablement faible. Ce que certains économistes appellent la stagnation séculaire.

Dans les pays de l'OCDE, depuis les années 1970, les prêts des banques et autres intermédiaires financiers au secteur privé non financier (ménages et entreprises)

---

1. Quelques références clefs : J. Arcand, E. Berkes et U. Panizza, « Too much finance ? », *IMF Working paper*, 2012, n° 11/161 ; S.H. Law et N. Singh, « Does too much finance harm economic growth ? », *Journal of Banking and Finance*, vol. 4, 2014 ; S.G. Cechetti et E. Kharroubi, « Why does financial sector growth crowd out real economic growth ? », *BIS Working paper*, n° 490, 2015.

ont augmenté trois fois plus vite que l'activité économique. Des crises financières dans les années 1990 ont, dans certains pays[1], interrompu cette tendance, mais dans la plupart des cas cette rupture fut très temporaire. L'endettement s'est donc fortement accru au cours de cette période. La crise financière globale n'a fait que révéler le surendettement privé. Le problème est que toutes les dettes ne se valent pas.

Les manuels d'économie décrivent généralement les banques comme accordant des crédits pour soutenir l'activité et financer de nouveaux investissements. Mais, comme le souligne Adair Turner[2] dans un chapitre au titre évocateur, il y a aujourd'hui « trop de mauvaises sortes de dettes[3] ». Dans les systèmes bancaires contemporains, la plupart des crédits ne financent pas de nouveaux investissements réels et donc un nouveau capital. Ils financent des achats d'actifs déjà existants. Ces crédits financent des investissements ne permettant pas de générer les revenus à même de rembourser la dette. L'immobilier est au cœur de ces dynamiques. Les dérives du crédit ne traduisent donc pas un sur-financement de l'activité productive, mais alimentent les bulles, en particulier immobilières. Au cœur de l'Europe, avant crise, l'Irlande et l'Espagne ont cruellement subi ces surinvestissements dans l'immobilier. Ils ont laissé ces pays exsangues, socialement abîmés par les faillites de constructeurs et promoteurs

1. Pays d'Europe du Nord, pays touchés par la crise asiatique et Mexique notamment.
2. Adair Turner dirigea l'Autorité de supervision financière (FSA : Financial Services Authority) britannique. L'ouvrage dont il est question est *Between the Debt and the Devil*, Princeton University Press, 2016.
3. « *Too much of the wrong sort of debt* ».

et par le chômage qui en résulte. Les banques se sont retrouvées plombées par les créances douteuses. Les territoires sont mités par des constructions fantômes qui ne trouvent pas acquéreurs et, souvent, ont été stoppées avant même achèvement.

Ainsi, les mauvaises dettes sont celles qui ne financent pas des investissements utiles. Thierry Philipponnat, en 2017, souligne[1] que seulement 12 % des actifs des banques européennes correspondent à un financement de l'activité productive sous forme de crédits accordés aux entreprises non financières. Soit un peu moins d'un tiers du total des crédits accordés par ces banques. Le reste des crédits (les deux autres tiers) est accordé en proportion à peu près égale aux ménages et aux institutions financières. Le financement de l'économie réelle est donc devenu une activité relativement marginale pour les banques européennes.

Les travaux empiriques, à partir de données des cinquante dernières années sur les pays de l'OCDE, montrent qu'une expansion du crédit des intermédiaires financiers de 10 % du PIB est associée à une réduction de 0,3 % de la croissance de long terme. Les prêts aux ménages étant plus néfastes pour la croissance que les prêts aux entreprises. En revanche, l'accroissement des financements par fonds propres ne semble pas avoir un tel effet négatif, bien au contraire. Cela signifie que, au-delà de sa taille, la « composition » de la sphère financière compte également pour la croissance de long terme.

---

1. T. Philipponnat, *Le Capital. De l'abondance à l'utilité*, Éd. Rue de l'Échiquier, 2017.

Quand la finance alimente les inégalités

Mais la baisse de la croissance potentielle et l'instabilité financière ne sont pas les seuls effets pervers de la sur-financiarisation. Comme le souligne Thomas Piketty dans *Le Capital au XXIe siècle* : « Depuis les années 1970, les inégalités sont fortement reparties à la hausse dans les pays riches, notamment aux États-Unis, où la concentration des revenus a retrouvé dans les années 2000-2010 – voire légèrement dépassé – le niveau record des années 1910-1920. » Cette périodisation est intéressante. Elle pointe une concomitance entre la financiarisation excessive de l'économie et la montée des inégalités de revenus et de patrimoine dans les deux périodes ayant précédé des crises financières majeures. Concomitance ne signifie pas causalité. Bien sûr, il ne saurait y avoir d'explication mono-causale à l'explosion des inégalités aux États-Unis et dans bien d'autres pays de l'OCDE. Mais un faisceau de présomptions quant au rôle de la finance dans cette montée des inégalités est corroboré par les travaux de recherche.

Quels sont les canaux de cet accroissement des inégalités à mesure que la finance se développe à l'excès ?

Le premier canal, le plus évident, est lié aux rémunérations dans le secteur de la finance, relativement plus élevées, à niveau d'éducation équivalent, que dans d'autres secteurs[1]. Étudiant la dynamique des

1. T. Philippon et A. Reshef, « Wages and human capital in the US financial industry : 1909-2006 », *Quarterly Journal of Economics*, novembre 2012 ; B. Bell et J. Van Reenen, « Bankers' pay and extreme wage inequality in the UK », Center for Economic Performance,

salaires dans la finance et dans le reste du secteur privé aux États-Unis de 1909 à 2006, Thomas Philippon et Ariell Reshef pointent des résultats intéressants. Jusqu'au début des années 1990, à caractéristiques équivalentes de qualification et de responsabilités, les salaires dans la finance étaient en ligne avec ceux du reste de l'économie. En 2006, ils les dépassaient en moyenne de 50 %, l'écart s'accroissant avec le niveau de rémunération : 80 % pour le décile supérieur et 250 % pour les cadres dirigeants. Dans un contexte de croissance de la part de la finance dans le PIB, ces différentiels de rémunération alimentent la hausse générale des inégalités. Philippon et Reshef évaluent cette contribution du secteur financier à la montée des inégalités dans une fourchette allant de 15 à 25 % (en fonction de l'indicateur d'inégalité retenu) depuis les années 1970 aux États-Unis. Les salariés du secteur financier bénéficient donc d'une rente en termes de salaires. Celle-ci a pour effet d'attirer les meilleurs diplômés dans ce secteur au détriment d'autres segments de l'économie dans lesquels le retour sur investissement pour la société serait bien plus élevé.

Cette rente n'est pas une spécificité de l'économie américaine. Elle affecte nombre de pays de l'OCDE. Ainsi, Oliver Denk montre qu'en Europe les travailleurs du secteur financier constituent 19 % des 1 % de salariés les mieux rémunérés, alors que la part de ce secteur dans l'emploi total n'est que de 4 %[1]. Au

---

2010 ; O. Godechot, *Working rich. Salaires, bonus et appropriation des profits dans l'industrie financière*, La Découverte, 2007.

1. O. Denk, « Financial sector pay and labour income inequality : evidence from Europe », *OECD Economic Department Working Paper*, n° 1225, 2015.

Royaume-Uni et au Luxembourg, près d'un tiers des 1 % de salariés ayant les plus fortes rémunérations travaillent dans une entreprise financière. En France, alors qu'en 1980 les salaires dans la finance étaient de 30 % plus élevés que ceux des autres secteurs, ils l'étaient en 2008 de 60 %. Selon Ariell Reshef, cette différence de progression des salaires entre le secteur financier et les autres secteurs est très largement tirée par les rémunérations des traders. Les prises de risque excessives sont donc récompensées sous forme de rémunérations variables indexées sur les performances de court terme, sans considération pour les conséquences à plus long terme, notamment en termes de stabilité financière[1].

Cette rente s'explique donc pour une part importante par la pratique des bonus – partie variable de la rémunération – qui, au sein même des banques, divise les salariés. Les salariés du *front office* (traders, vendeurs, ingénieurs financiers et ingénieurs de recherche et développement), qui dominent la hiérarchie salariale dans la banque, en sont les principaux bénéficiaires. Les salariés du *back office* ou « fonctions support », y compris les fonctions comptables ou ressources humaines, sont largement exclus du partage de la rente.

Une autre source d'inégalité, de nature différente, concerne les conditions d'accès au crédit, très inégalement réparties en fonction des revenus des ménages. Les plus hauts revenus ont un accès très facile au crédit, ce qui leur permet aisément d'exploiter les opportunités d'investissement qu'ils détectent. Ainsi,

1. Interview d'Ariell Reshef, le 18 avril 2017, « À quoi tient la progression des salaires dans la finance ? », http://www.cepii.fr/EIC/pages/post.asp?post_id=17.

en Autriche, Finlande, France, Allemagne et Italie, près de la moitié des crédits totaux aux ménages vont aux deux derniers déciles de la distribution des salaires.

À l'autre extrême de la distribution des revenus, l'endettement peut à l'inverse être un facteur d'enlisement dans les trappes à pauvreté. Contrairement aux hauts revenus, les ménages pauvres s'endettent non pour saisir des opportunités d'investissement et donc pour s'enrichir, mais pour maintenir leur niveau de vie.

Face à la stagnation des revenus salariaux, les ménages les plus pauvres et les classes moyennes se sont fortement endettés pour soutenir leur demande. Les États-Unis sont parmi les pays qui sont allés le plus loin dans la promotion de mécanismes financiers pervers engluant les ménages pauvres dans le surendettement. En effet, l'accroissement de l'endettement des ménages américains a été favorisé par des politiques publiques permettant l'accès à la propriété par endettement sans épargne préalable. Les ménages américains les plus pauvres pouvaient acquérir un logement en s'endettant pour l'intégralité de la valeur du bien. En cas de défaut de remboursement du prêt, le logement était saisi par la banque, qui le revendait pour éponger ses pertes. C'est le principe du prêt hypothécaire. L'endettement des ménages américains à bas revenus a été un substitut à l'État-providence susceptible de leur donner l'illusion d'une élévation de leur niveau de vie. Illusion qui a perduré tant que les prix de l'immobilier se sont accrus. Pour ce qui est des banques prêteuses, l'usage intensif de la titrisation, dans un contexte de taux d'intérêt bas, leur a fait croire qu'elles se débarrassaient du risque de crédit de ces emprunteurs pauvres. Elles « empaquetaient » les crédits risqués avec d'autres et les sortaient de leur bilan. Des véhicules de titrisation (pseudo-banque ou banque de l'ombre) les achetaient en se finançant par émission de titres à court terme. Pensant qu'elles s'étaient débarrassées des crédits à risque, les banques ont donc estimé qu'elles pouvaient se dispenser de sélectionner et contrôler leurs emprunteurs. La convergence d'intérêts entre le gouvernement, les autorités monétaires et les banques permit l'accès au crédit à des ménages peu solvables *via* les fameux prêts « subprimes ». Ils peuvent être considérés comme relevant de la finance Ponzi, telle que définie par Minsky, dans la mesure où l'emprunteur n'avait en général pas de revenus suffisants pour honorer sa dette, en particulier après le *reset*. Les crédits subprimes pouvaient être à taux fixe et très bas pendant les premières années, puis le taux était « refixé » (*reset*) en fonction de l'évolution des taux d'intérêt.

Ce mécanisme a provoqué des hausses parfois considérables des charges financières quand la Fed a durci sa politique monétaire. Très sensibles aux variations des taux d'intérêt, les ménages pauvres ayant contracté des crédits subprimes étaient alors obligés de renégocier de nouveaux emprunts. Comble de la perversion, le réendettement se faisait sur la base de l'accroissement du prix de marché du bien immobilier servant de garantie aux banques. Quand, sous l'effet de la bulle immobilière, la valeur des biens immobiliers devenait supérieure à la valeur de l'emprunt qu'ils avaient contracté pour l'acquérir, les ménages pouvaient de nouveau s'endetter. La différence entre la valeur du bien immobilier sur le marché et le montant de l'emprunt était en effet considérée comme une richesse des ménages (*equity value*). Ceux-ci, pour soutenir leur consommation, pouvaient convertir en cash cette « pseudo-richesse » en obtenant un nouvel emprunt gagé sur cette *equity value*. Ces mécanismes pervers d'octroi de crédit signifient que les prêts sont accordés non sur la base des revenus et de la capacité de remboursement de l'emprunteur, mais sur les plus-values potentielles sur l'actif acquis à crédit – en l'occurrence, une maison qui un jour pourrait ne plus rien valoir. Ces dispositifs n'ont fait qu'accroître le surendettement de ces ménages fragiles et les conséquences sociales de celui-ci.

La financiarisation perverse des normes de gestion des entreprises

La stagnation des salaires réels qui pousse les ménages les plus fragiles à s'endetter à l'excès est directement liée à la financiarisation excessive de nos économies. Celle-ci touche jusqu'à la gouvernance des entreprises. La norme de gestion dite de la « valeur actionnariale » s'est imposée avec la financiarisation de l'économie. Elle asservit la gouvernance des entreprises cotées à la création de valeur pour les actionnaires et raccourcit l'horizon temporel de l'entreprise. L'entreprise financiarisée est obnubilée par la réduction des coûts, dont les coûts salariaux, pour servir l'actionnaire à court terme. Bien que les entreprises cotées ne soient pas l'essentiel du tissu productif, l'obsession de la réduction des coûts se transmet par capillarité aux entreprises plus petites. Leurs fournisseurs sont en première ligne, subissant de fortes pressions directement liées à ce mode de gouvernance. L'accroissement de l'endettement est un moyen complémentaire pour atteindre cet objectif premier de doper le rendement pour l'actionnaire. La part relative du capital au bilan diminue au profit de la dette. Mais le capital est le poste du bilan permettant d'absorber les pertes non anticipées. Une bonne capitalisation est donc un indicateur de robustesse. Quand l'entreprise fonctionne avec plus de dette et moins de capital, elle est moins résiliente aux chocs. Le principe de gestion de la valeur actionnariale soumet donc l'entreprise à une logique financière qui la fragilise. D'une certaine manière, la firme est alors conçue non comme une organisation ou un collectif, mais comme un portefeuille d'actifs dont l'intérêt est qu'ils soient les plus liquides et les plus substituables possible. Cette norme de gestion nie que l'efficacité de l'entreprise vienne de la complémentarité entre les apports des différentes parties prenantes (*stakeholders*). Or, les salariés, les fournisseurs, les clients, les créanciers, et pas seulement les actionnaires, apportent leurs contributions à la valeur de la firme. Certains de ces partenaires sont même bien plus impliqués que les actionnaires. Si la firme est cotée en Bourse, les actionnaires peuvent à tout moment vendre sur les marchés boursiers leurs actions. En revanche, un salarié qui investit dans des compétences spécifiques, c'est-à-dire difficilement « revendables » dans d'autres entreprises, fait un investissement en capital humain non redéployable. Il ne sera pas pleinement compensé de cet investissement s'il quitte l'entreprise.

Le principe de gestion de la valeur actionnariale a conduit à un fléchissement très sensible des rythmes de progression des salaires, déconnectée de la progression de la productivité du travail, et à un élargissement des inégalités de revenus. L'OCDE a ainsi observé que, sur la période allant de 1990 à 2009, la part de la rémunération du travail dans le revenu national avait baissé dans 26 des 30 pays avancés pour lesquels des données étaient disponibles. L'OCDE a calculé que la part médiane du travail dans le revenu national dans l'ensemble de ces pays avait considérablement diminué, passant de 66,1 à 61,7 %. Ces observations font écho au Rapport mondial sur les salaires 2010-2011 du BIT, qui décrivait la même évolution dans une grande majorité des pays de l'OCDE depuis les années 1980. La financiarisation de l'économie est considérée comme l'une des causes essentielles de ces évolutions.

Risque d'une nouvelle crise financière majeure, épidémie de scandales financiers qui minent la confiance des citoyens dans leur système bancaire, hypertrophie de la finance qui pèse sur la croissance et nourrit les inégalités, aucun de ces maux n'a été véritablement éradiqué depuis le cataclysme financier de 2008.

Chapitre 2

Les banques systémiques : fragilités structurelles, conflits d'intérêts et défaut de loyauté

Les banques systémiques globales sont des acteurs de la finance mondiale dont l'existence est relativement récente. Elles sont nées du mouvement généralisé au niveau international vers la banque universelle, à savoir une banque qui pratique toutes les activités de la finance. L'histoire commence aux États-Unis au milieu des années 1980, après le renflouement de la Continental Illinois en 1984. C'est à ce moment-là qu'est formulée pour la première fois la doctrine du « *too big to fail* » : « trop grosse pour faire faillite ». Un rapide retour sur cet épisode si structurant pour la suite de l'histoire n'est pas inutile. En mai 1984, l'État fédéral américain, craignant une propagation à de très nombreuses plus petites banques, renfloue la Continental Illinois, alors la septième banque des États-Unis, en situation d'insolvabilité. Loin de se contenter de dédommager les déposants, le plan de sauvetage indemnise également les créanciers non assurés de la société de holding bancaire. Devant rendre compte de cette opération devant le Congrès, le contrôleur de la monnaie admet que d'autres banques pourraient bénéficier d'un sauvetage de même type.

C'est à l'occasion de cette audition devant le Sous-comité des établissements financiers qu'un membre du Congrès, Stewart McKinney, formule la phrase qui allait passer à la postérité : « Monsieur le Président, nous avons désormais une nouvelle sorte de banques : celles qui sont trop grandes pour faire faillite, les *too-big-to-fail*, et ce sont des banques merveilleuses. »

La décennie qui s'ouvre alors (1984-1994) est pourtant encore marquée par de fortes restrictions sur l'activité des plus grosses banques américaines, héritées des réglementations des années 1930. Au début des années 1990, des inflexions réglementaires majeures[1] changent profondément la donne en réduisant les contraintes pesant sur l'activité des banques. Ces changements dans la réglementation leur ont permis de considérablement étendre leurs activités, tant géographiquement que fonctionnellement. S'amorce alors un mouvement de concentration bancaire aux États-Unis, guidé par la volonté d'améliorer la position concurrentielle des banques américaines vis-à-vis de leurs concurrentes japonaises et européennes. Cette concentration est justifiée par un souci de rationalisation des coûts et d'efficacité économique. Les pouvoirs publics cautionnent, favorisent et accompagnent ce mouvement. Pour accroître la capacité des banques à fournir des services sur les marchés de capitaux, le Glass Steagall Act de 1933 est abrogé en 1999. Il est remplacé par le Gramm Leach Bliley Financial Services Modernization Act, qui étend les pouvoirs des banques sur les marchés de titres. Cette loi leur permet également d'entrer dans le secteur des

1. Il s'agit notamment de l'adoption du Riegle Neal Interstate Banking and Branching Efficiency Act en 1994.

assurances et dans d'autres services financiers, la réciproque étant vraie. Les plus grandes banques américaines ont alors annoncé leur stratégie de conquête. Elles se lancèrent dans un *big balance-sheet business model*[1]. Cette course à la taille devait leur permettre de dominer la finance « de gros[2] », d'accroître leur part de marché, et accessoirement… de devenir « trop grosses pour faire faillite ». La récession de 2000-2002 aux États-Unis, avec la faillite d'Enron, de Worldcom et de nombreuses autres firmes technologiques, a sonné comme un premier avertissement. Elle entraîna de lourdes pertes pour les banques engagées dans ces stratégies de course à la taille et à une rentabilité à court terme élevée. Mais l'avertissement fut à moindres frais. La Fed, par une politique de taux d'intérêt bas, aida les banques à reconstituer leurs marges bancaires et dopa les marchés. Ce coup de semonce passé sans encombre grâce à la politique monétaire accommodante, elles continuèrent leur course en avant dans la prise de risque. Loin de discipliner les banques, la Fed les a au contraire confortées dans le bien-fondé de cette stratégie de fuite en avant, créant les conditions pour le cataclysme financier de 2007-2008. Au cours de cette période, des institutions jusque-là spécialisées comme la banque d'investissement Merrill Lynch ou l'assureur AIG devinrent des institutions financières

1. Modèle d'affaires à gros bilan, c'est-à-dire une stratégie d'accroissement de la taille de bilan.
2. Le financement sur le marché de gros ou *wholesale funding* (par opposition aux financements de détail) correspond aux flux de capitaux des agents institutionnels disposant d'excès de liquidité vers ceux ayant besoin de refinancement à court terme. Cette source de financement de gros a financé l'accroissement rapide de la taille des banques – pas seulement américaines – avant crise.

globales systémiques. Ces dernières sont des acteurs majeurs sur les marchés de dérivés, sur les marchés de prêts de gros et sur les marchés de titres. Les banques européennes ne furent pas en reste. L'évolution d'UBS, de la Deutsche Bank, du Crédit suisse, de HSBC Holdings, des groupes ING, Axa ou Allianz, relève de la même logique et de la même stratégie. Les plus grosses banques sont maintenant chinoises, comme l'atteste le tableau ci-dessous.

En 2016, le total des actifs des banques considérées comme systémiques représentait 65,5 % du PIB mondial…

La colonne ratio de levier doit s'interpréter de la manière suivante : un ratio de levier de x % signifie qu'une baisse de la valeur des actifs de la banque de x % épuise son capital. La banque est alors insolvable. Concrètement, une baisse de l'ordre de 4 à 5 % de la valeur de leurs actifs suffit à rendre insolvables la moitié des plus grandes banques… Au regard de leurs engagements dans les activités de marché et sur les marchés dérivés, un tel scénario serait certes un choc exceptionnel, mais pas du tout inimaginable. Lors de la crise financière de 2007-2008, les établissements les plus touchés ont accumulé des pertes allant jusqu'à 10 % de leur bilan… Les banques sont certes mieux capitalisées, mais loin d'être immunisées contre une crise systémique.

La domination de ces banques systémiques sur les marchés bancaires a eu pour effet pernicieux de considérablement élargir les garanties de renflouement par les États et de soutien en liquidité par les banques centrales. Promesses d'assistance qui n'ont fait qu'altérer les incitations à la prudence et à la bonne gestion des risques.

Institutions financières d'importance systémique à fin 2016	Pays	Taille du bilan en milliards de $	Ratio de levier en juin 2016
Industry and Commercial Bank of China	Chine	3 475	7,30 %
China Construction Bank	Chine	3 018	7,05 %
Agricultural Bank of China	Chine	2 817	6,26 %
Bank of China	Chine	2 613	6,94 %
Mitsubishi UFJ FG	Japon	2 598	4,79 %
JP Morgan Chase	US	2 491	6,60 %
HSBC	UK	2 375	5,10 %
BNP Paribas	France	2 196	4,00 %
Bank of America	US	2 188	6,95 %
Wells Fargo	US	1 930	7,70 %
Groupe Crédit Agricole	France	1 821	5,60 %
Citigroup	US	1 792	7,48 %
Mizuho FG	Japon	1 758	3,75 %
Deutsche Bank	Allemagne	1 682	3,40 %
Sumitomo Mistui FG	Japon	1 654	4,71 %
Barclays	UK	1 491	4,20 %
Société Générale	France	1 462	3,90 %
Santander	Espagne	1 416	4,90 %
Groupe BPCE	France	1 306	4,80 %
Royal Bank of Scotland	US	981	5,20 %
UBS	Suisse	919	4,20 %
Unicredit Group	Italie	909	4,33 %
ING Bank	Pays-Bas	894	4,40 %
Goldman Sachs	US	860	6,10 %
Morgan Stanley	US	815	6,10 %
Crédit Suisse	Suisse	806	4,40 %
Nordea	Suède	651	4,50 %
Standard Chartered	UK	647	5,50 %
Bank of New York Mellon	US	333	5 %
State Stree	US	243	6,10 %
Total		**48 141**	**5,38 %**
PIB mondial en 2015		**73 502**	

http://www.relbanks.com/worlds-top-banks/assets

https://www.fdic.gov/about/learn/board/hoenig/capitalizationratio2q16.pdf

Des géants aux pieds d'argile

La crise de 2008 a illustré que certains acteurs de la finance jouissent de privilèges exorbitants. Un traitement de faveur les protège d'une faillite qui pourrait entraîner dans son sillage le système dans son ensemble. La taille, la complexité, l'opacité, l'internationalisation des activités et des structures des groupes bancaires systémiques, leur degré de connexion avec le reste du système financier, en font des intouchables. Ces acteurs de la finance bénéficient de la garantie implicite, voire explicite, des États. La gestion de la crise financière globale n'a pas mis un terme à ce privilège particulièrement dommageable du point de vue de l'intérêt collectif. Ces établissements systémiques, qui s'exonèrent de fait de la discipline de marché, exposent donc l'ensemble du système aux dangers que représente leur possible défaillance. Ce diagnostic est corroboré tant par des approches théoriques[1] que par les études empiriques[2].

Garanties implicites et vulnérabilités

Ces banques systémiques capables de contraindre les États et les banques centrales à les aider sont

1. A. Boot et L. Ratnovski, « Banking and Trading », *IMF Working Paper*, n° 12/238, Washington DC, IMF, 2012 ; E. Farhi et J. Tirole, « Collective moral hazard, maturity mismatch and systemic bail out », *American Economic Review*, 12 (1), 60-93, 2012.
2. L. Laeven, L. Ratnovski et H. Tong, « Bank size, capital and systemic risk : some international evidence », *Journal of Banking and Finance*, 6, 2016 ; A. Blundell Wignall, P. Atkinson et C. Roulet, « Bank business models and the separation issue », *OECD Journal, Financial Market Trends*, 2014.

particulièrement vulnérables en cas de crise systémique. Paradoxalement, cette vulnérabilité est une conséquence des garanties implicites dont elles bénéficient, dans la mesure où cette protection les incite à adopter des structures de bilan plus risquées. C'est ce que l'on appelle en économie l'aléa moral. Cette notion désigne la tendance à prendre plus de risques (dont la contrepartie est plus de rendement) dès lors que l'on peut transférer le coût des risques pris sur un tiers – en l'occurrence, sur la collectivité. Pile je gagne, face tu perds !

Les banques systémiques ont, dans la période précrise, engrangé des profits considérables. Elles ont affiché des ROE (*return on equity*), c'est-à-dire des rentabilités des capitaux propres, totalement extravagants d'un point de vue économique : de l'ordre de 20 % par an. De telles performances étaient la contrepartie de prises de risque excessives et d'un manque de capital criant. Comme nous l'avons précédemment explicité, la manière la plus simple de doper la rentabilité des fonds propres est d'avoir un passif composé de beaucoup de dette et de très peu de capital. Or, une banque mal capitalisée est une banque fragilisée, qui ne dispose pas de coussin d'absorption des chocs suffisant. Les gains ainsi permis ont été « privatisés » dans les périodes de vaches grasses, sous forme de distribution de dividendes aux actionnaires et de rémunérations très généreuses des dirigeants et des traders ; mais les pertes, elles, ont été socialisées au moment de la crise.

La fragilisation du bilan des banques bénéficiant des garanties publiques prend schématiquement la forme suivante :

La banque est incitée à accroître sa taille de bilan en s'engageant dans des activités plus risquées. Le gonflement de la taille de bilan des banques européennes s'est accompagné d'une double déformation de celui-ci :

- Du côté de l'actif, les banques grossissent par les activités de trading et non par les activités d'octroi de crédit. En d'autres termes, plus une banque grossit, plus son portefeuille de négociation[1] s'accroît relativement au total de son bilan.
- Du côté du passif, la banque est incitée à réduire le ratio capital propre sur taille du bilan, et donc à accroître son endettement. Les actionnaires ont une responsabilité limitée, ce qui signifie qu'au pis ils perdent leur mise, mais ils ne sont pas responsables des dettes de la banque. Ils ont donc intérêt à cette hausse du levier, qui dope le dividende par action. Dans le cas des banques européennes, la hausse du levier d'endettement s'est accompagnée d'une déformation vers un endettement de court terme, c'est-à-dire des formes de financement pouvant se tarir du jour au lendemain.

Ces banques globales, trop importantes, complexes et connectées pour faire faillite, sont insuffisamment capitalisées, mais elles sont aussi très vulnérables au risque de liquidité. Elles représentent une véritable épée de Damoclès au-dessus de nos têtes.

1. Le portefeuille de négociation (*trading book*) désigne l'ensemble des actifs détenus à des fins de négociation à court terme, ou dans le but de couvrir d'autres éléments de ce même portefeuille de négociation. Le portefeuille bancaire, au contraire, désigne des actifs ayant vocation à être conservés à moyen/long terme.

Or, ce problème ne peut être maîtrisé par la simple imposition de surcharges en capital, comme le prévoient les accords de Bâle. Pourquoi ? Comme le montrent de manière très convaincante les travaux de l'OCDE[1], le paradoxe pour les régulateurs des banques systémiques est qu'elles ont besoin de relativement peu de capital en période calme, alors qu'en période de crise elles ont des besoins de capital qui peuvent devenir considérables. Protéger la collectivité impliquerait donc d'imposer aux banques systémiques des niveaux de capital réglementaires beaucoup plus élevés que ceux auxquels elles sont soumises dans les accords de Bâle. Cette discontinuité dans les besoins de capital des banques systémiques est essentiellement liée au risque de contrepartie dans certaines activités de marché, notamment sur dérivés. En cas de crise de liquidité, les banques ont des besoins aigus de cash et/ou d'actifs liquides. Or, dans ces périodes de stress financier, leurs contreparties ne sont pas disposées à renouveler les financements, ou dans des conditions très dégradées (plus chers et rationnés en quantité). L'ampleur de ce risque de contrepartie est directement liée à la mauvaise tarification des risques (sous-évaluation), quand les banques systémiques profitent des garanties publiques. Une manière d'apprécier ce biais dans l'évaluation des risques relatifs à ces banques est de s'intéresser aux subventions implicites dont elles bénéficient.

Une étude du FMI[2] d'avril 2014 a quantifié ces subventions implicites selon différentes méthodes. Il

1. Notamment les travaux d'A. Blundell Wignall, P. Atkinson et C. Roulet, *op. cit.*
2. IMF, *Global Financial Stability Report*, Chapter 3 : « How big is the implicit subsidy for banks considered too important to fail ? », 2014.

en ressort que l'Europe est la zone dans laquelle le problème est le plus aigu, ce qui n'est guère étonnant puisque c'est aussi la zone où la concentration bancaire est la plus forte. Selon les différentes méthodologies de calcul[1], les subventions implicites sont estimées pour 2011-2012 entre 100 et 300 milliards de dollars pour la zone euro, entre 15 et 70 milliards pour les États-Unis, entre 20 et 110 milliards pour le Royaume-Uni et entre 25 et 110 milliards pour le Japon. Par ailleurs, cette étude souligne que, à l'exception notable de la Suisse, la valeur de ces garanties implicites est égale ou supérieure à ce qu'elle était avant la crise financière globale… Loin d'être maîtrisé, le problème des institutions systémiques s'est aggravé !

Les banques globales systémiques sont donc des colosses aux pieds d'argile qui non seulement menacent la stabilité financière globale, mais créent également des distorsions de concurrence dans l'industrie bancaire. Celles-ci concernent notamment les coûts de financement. Ces banques géantes se financent plus facilement et moins cher sur les marchés de gros de la liquidité que des banques plus petites. Cet avantage concurrentiel est validé par les agences de notation, qui émettent deux types de note : le *stand alone credit rating* et le *support credit rating*. La seconde note intègre l'évaluation par l'agence du soutien gouvernemental, alors que la première n'en tient pas compte. Or, la différence entre ces deux notations est toujours

1. Le premier chiffre de chaque estimation correspond à une estimation par l'approche de l'analyse des créances contingentes ; le second, à une approche fondée sur les notations.

plus grande pour les banques systémiques que pour les plus petites banques, ce qui ne fait que conforter les avantages dont elles bénéficient quant à l'accès aux financements de marché et au coût de celui-ci. Cet avantage doit être considéré comme une subvention déguisée, et donc une distorsion de concurrence.

Leur talon d'Achille : la liquidité

Ces subventions implicites sont une véritable gangrène. Dommageables du point de vue de la concurrence, elles incitent les banques systémiques à adopter une structure de financement plus vulnérable au risque de liquidité. La liquidité est le talon d'Achille des banques. Le risque de liquidité est un risque intrinsèquement systémique du fait des spirales d'illiquidité. Celles-ci désignent les processus par lesquels le tarissement de la liquidité de marché et le tarissement de la liquidité de financement s'autoalimentent et s'amplifient mutuellement.

Essayons de comprendre les ressorts de ces mécanismes pernicieux. Les développements qui suivent sont un peu techniques, mais ils doivent être exposés, car nous sommes là au cœur de ce qui nourrit l'instabilité financière contemporaine.

La liquidité d'un intermédiaire financier dépend des deux côtés du bilan. Du côté de l'actif, elle dépend de la liquidité de marché, c'est-à-dire de la possibilité de revendre des titres sans trop de décote quand on en a besoin. Du côté du passif, la liquidité de financement dépend de la possibilité de lever rapidement des fonds (emprunter) dans de bonnes conditions. Or, ces deux formes de liquidité sont interdépendantes. La capacité des financements à résister à une période de stress dépend à la fois de leur composition et de la liquidité, maturité et type d'actifs à financer, c'est-à-dire des deux côtés du bilan.

Le risque de liquidité est systémique, car il suscite des réactions en chaîne. Les spirales d'illiquidité résultent de l'interdépendance accrue entre illiquidité de financement et illiquidité de marché dans ces périodes de stress sur la liquidité. L'interdépendance des deux formes de liquidité (de marché et de financement) est due à la prévalence des prêts sur titres dans les financements sur les marchés de gros de la liquidité.

L'intuition de cette interdépendance peut s'expliquer de la manière suivante : quand un trader achète un titre, il peut l'utiliser comme collatéral (garantie) et emprunter sur cette base, mais il ne peut pas emprunter la valeur totale du titre. La différence entre le prix du titre sur le marché et la valeur du collatéral (ce qui est pris en garantie) est ce que l'on appelle la marge. Elle doit être financée sur le capital du trader. Cela crée une interdépendance entre liquidité de marché et de financement. Quand il devient difficile d'emprunter sur les marchés, les traders deviennent réticents à prendre des positions consommatrices de capital avec de fortes marges. Cela réduit la liquidité de marché et conduit à un accroissement de la volatilité. Symétriquement, un tarissement de la liquidité de marché, c'est-à-dire la difficulté à vendre dans de bonnes conditions des actifs, augmente les risques de financement du trading et donc accroît les marges. D'où l'idée de spirale, car le cercle vicieux fonctionne dans les deux sens.

Ces spirales d'illiquidité sont une forme de prophéties autoréalisatrices. La réaction des acteurs de la finance à une pénurie de liquidité ou à la simple anticipation d'un resserrement de la liquidité aggrave la pénurie de liquidité pour les autres. Par leurs comportements rationnels de protection contre un risque d'un point de vue microéconomique, les agents créent et amplifient le risque contre lequel ils cherchent à se protéger. C'est ce qui s'est passé de la mi-septembre à la mi-octobre 2008 notamment. La tentative simultanée de nombreuses banques de restaurer leurs positions de liquidité en se dégageant ou en restreignant leurs placements sur le marché interbancaire a contribué à l'effondrement général de la liquidité.

Les subventions implicites dont bénéficient les banques systémiques les conduisent à insuffisamment s'autoprotéger contre ces spirales d'illiquidité. C'est d'ailleurs la justification des ratios de liquidité que les régulateurs leur imposent dorénavant[1].

Par ailleurs, comme nous l'avons vu, plus une banque est grosse, plus elle déforme son activité au profit des activités de marché et au détriment des activités bancaires traditionnelles. En cas de crise de liquidité, la valeur des actifs de marché s'effondre. Plus la part du portefeuille de négociation est importante, plus les pertes en capital provoquées par l'effondrement des prix d'actifs seront elles-mêmes massives,

1. Les accords de Bâle 3 essaient de réduire l'exposition des banques au risque de liquidité en leur imposant d'avoir à leur actif davantage d'actifs liquides et en limitant l'écart de maturité entre leur actif et leur passif, ce qui revient à les inciter à moins se financer à très court terme sur les marchés.

et donc plus ces pertes devront être absorbées par le capital de la banque. L'illiquidité crée l'insolvabilité.

Les banques universelles systémiques, véritables nœuds de conflits d'intérêts

Des conflits d'intérêts au niveau microéconomique

Avant d'évoquer les conflits d'intérêts dans la banque, il convient d'expliquer le sens précis des notions que nous allons mobiliser. Joël Moret-Bailly, professeur de droit spécialiste des conflits d'intérêts, les définit comme « des situations dans lesquelles une personne en charge d'un intérêt autre que le sien n'agit pas ou peut être soupçonnée de ne pas agir de manière loyale ou impartiale vis-à-vis de cet intérêt, mais dans le but d'en avantager un autre, le sien ou celui d'un tiers[1] ». Cette définition se réfère à la coexistence d'intérêts potentiellement contradictoires et à leur hiérarchisation. Dès lors que l'on sert plusieurs intérêts se créent nécessairement les conditions pour qu'un intérêt l'emporte sur les autres. L'intérêt prioritaire est celui que l'on est en charge de défendre et vis-à-vis duquel on doit être loyal. Cette valeur de loyauté est essentielle quand on traite de conflits d'intérêts. La loyauté vis-à-vis du client dans la sphère privée et vis-à-vis de l'intérêt général dans la sphère publique est la valeur repère à partir de laquelle s'évaluent les conflits d'intérêts.

1. J. Moret-Bailly, *Les Conflits d'intérêts. Définir, gérer, sanctionner*, LGDJ Lextenso éditions, 2014, p. 105-110.

Cette grille d'interprétation va guider notre analyse des conflits d'intérêts dans l'industrie bancaire. Nous adopterons un double prisme, micro et macro.

La responsabilité fiduciaire désigne une obligation de loyauté vis-à-vis d'une personne ou d'une institution pour laquelle votre mission est d'agir dans son intérêt. Plus précisément : une obligation fiduciaire doit être exigée quand une partie accorde toute sa confiance à une autre partie en lui déléguant des pouvoirs qui la rendent vulnérable par rapport à elle. Ainsi, si je délègue la responsabilité de gérer mon épargne à un tiers alors que je n'ai pas de compétence financière, j'en attends qu'il le fasse au mieux de mes intérêts – et non des siens ou de ceux de son employeur. En raison de l'opacité, de la complexité, de la technicité des activités bancaires, de nombre d'opérations financières, et *a fortiori* de leurs activités hors bilan, cette délégation est constitutive du métier de la banque.

La responsabilité fiduciaire des banques est donc très forte, car le cœur de leur activité est de gérer l'argent de tiers. Elle est d'autant plus importante que les clients et investisseurs individuels n'ont pas l'expertise leur permettant d'évaluer la performance des services qui leur sont proposés. Ils ne sont pas outillés pour comprendre que les incitations de leur conseiller financier ou banquier peuvent être affectées par des conflits d'intérêts. Les banques doivent donc démontrer leur fiabilité et être dignes de la confiance que leur accordent leurs clients, individus et firmes.

Les conflits d'intérêts d'ordre microéconomique dans la banque consistent à ne pas agir dans le meilleur intérêt des clients, mais à faire primer l'intérêt de la banque elle-même, de ses dirigeants ou d'autres clients. Mais les conflits d'intérêts dans le secteur bancaire peuvent aussi se manifester à l'égard de la collectivité dans son ensemble. Nous parlerons alors de défaut de loyauté au niveau macroéconomique. C'est bien la spécificité des banques qui justifie ce focus particulier sur leur responsabilité à l'égard de la société.

Les banques ne sont pas des entreprises comme les autres. Elles offrent des services essentiels – sans substituts – aux individus et entreprises, dont certains peuvent être assimilés à des biens publics. Les banques gèrent les dépôts et octroient des crédits aux PME et aux ménages, c'est-à-dire à des agents qui n'ont pas d'autres sources de financement externes. Par ailleurs, l'État a transféré aux banques le pouvoir considérable de création monétaire. En effet, la majeure partie de la monnaie en circulation est constituée de dépôts bancaires, c'est-à-dire d'une dette des banques envers leurs clients. Ils représentent, dans la zone euro, plus de 80 % des moyens de paiement. Les pièces et billets représentent le reliquat. Nos règlements par carte bancaire, chèque, TIP ou virement font circuler une monnaie scripturale bancaire (dépôts). Son acceptabilité dépend de la seule confiance dans son interchangeabilité avec les pièces et billets émis par la BCE ou avec les autres dépôts bancaires. De nouveau, quand des doutes se manifestent sur cette interchangeabilité de la monnaie bancaire, ce sont des dispositifs publics qui rétablissent la confiance : assurance dépôts, prêteur en dernier ressort, voire recapitalisation ou résolution. Cette dernière a lieu quand la viabilité de la banque est mise en cause. Elle désigne l'intervention d'une autorité publique visant à restructurer ou à procéder à une liquidation ordonnée, afin de limiter l'impact sur les clients de la banque et sur le reste de l'économie. Il s'agit d'éviter la faillite pure et simple qui conduirait à bloquer les comptes de clients, à interrompre les services financiers et à produire des effets en chaîne sur les créanciers et débiteurs de l'établissement.

Les banques sont donc des intermédiaires financiers tout à fait spécifiques. Entreprises privées visant légitimement à la profitabilité, elles sont également les acteurs essentiels du système de paiement dont le caractère vital pour le bon fonctionnement des échanges en fait une sorte de bien public. C'est bien en raison de cette dualité des banques (entreprise privée exerçant une fonction d'ordre collectif) qu'une exigence déontologique forte doit prévaloir à l'exercice du métier de banquier. Exigence d'autant plus légitime que la recherche de profitabilité dans la banque a pour contrepartie des prises de risque qui, si elles sont excessives, peuvent conduire l'État à assumer les pertes.

La multiplication des scandales financiers impliquant des banques peut s'interpréter comme une transgression du « contrat » de délégation du pouvoir de création monétaire. Celui-ci ne s'accompagne plus d'exigences déontologiques suffisantes. Les prises de risque excessives, les pratiques délictueuses, les sommes considérables ayant été mobilisées pour sauver les banques et le déni de cet état de fait par le secteur bancaire – notamment français[1] – alimentent une

1. À titre illustratif, dans sa campagne de presse de mars 2011, la Fédération bancaire française affirme que les banques françaises n'ont rien coûté aux contribuables : mieux, elles ont rapporté de l'argent au Trésor public (http://www.ca-cotesdarmor.fr/Vitrine/ObjCommun/Fic/CotesdArmor/CondGenBanque/Parlons_clair.pdf). Rien n'est dit

défiance de la société vis-à-vis des banques. Défiance dont les formes les plus achevées sont les propositions qui se multiplient visant à retirer aux banques commerciales la liberté de création monétaire. Ce n'est évidemment pas un hasard si ces projets de profonde réforme monétaire touchent en priorité des pays marqués par une hypertrophie des banques et qui ont supporté des coûts économiques et sociaux massifs à la suite de la crise financière globale. L'Islande et la Suisse sont emblématiques de ce point de vue. Ces initiatives – qualifiées selon les cas de monnaie « pleine », « gagée » ou « 100 % » – revendiquent l'héritage du plan Chicago formulé dans les années 1930 aux États-Unis et dont l'objectif était de sécuriser les dépôts. Ce plan, soutenu à l'époque par Irving Fisher, proposait un retour au monopole public de la création monétaire. Deux économistes du FMI ont récemment réactualisé le débat sur le bien-fondé de ce type de réforme monétaire. Ils ont montré, à l'aide d'un modèle DSGE[1], que les avantages en faveur de cette réforme défendue par Fisher semblaient valides[2].

---

sur le fait que la Société Générale a *de facto* été renflouée par le contribuable américain *via* le sauvetage d'AIG (12 milliards de dollars) ; rien non plus sur les pertes de Dexia assumées par le contribuable français, estimées en mars 2013 par la Cour des comptes à 6,6 milliards d'euros de coûts directs, et probablement bien plus du fait des emprunts toxiques aux collectivités locales potentiellement génératrices de défauts de paiement et de contentieux, et de la vulnérabilité de l'extinction de Dexia à une remontée des taux d'intérêt ; rien, enfin, sur l'enveloppe de 40 milliards d'euros de prêts aux banques et sur les 320 milliards d'euros de garanties publiques. Certes, les prêts ont été remboursés avec les intérêts, d'où l'affirmation que l'État y a gagné ; mais, sans eux et la garantie publique, le système bancaire français s'effondrait…

1. Modèle d'équilibre général dynamique stochastique.
2. J. Benes et M. Kumhof, « The Chicago Plan revisited », IMF Working Paper, août 2012, WP/12/202.

Notre propos n'est pas de discuter la pertinence de ce plan de « monnaie pleine », mais de souligner que sa résurgence est le symptôme de la défiance persistante à l'égard des banques. Défiance alimentée par les conflits d'intérêts qui minent les banques.

Florilège de conflits d'intérêts dans la banque

Les banques gèrent l'épargne de leurs clients et ont par là même en charge les intérêts des épargnants. Quand les fonds sont investis sur les marchés financiers, il est légitime de se demander si la motivation de l'investissement financier réside bien dans l'intérêt des épargnants ou dans celui de l'établissement bancaire. Le cas le plus emblématique, et surtout le plus connu, est celui de Goldman Sachs qui, juste avant le déclenchement de la crise des subprimes, a joué pour son propre compte l'effondrement du marché subprime alors que cette banque continuait en même temps à conseiller à ses clients d'acheter des produits structurés contenant du subprime…

Un autre cas européen plus récent concerne les banques italiennes qui ont incité les épargnants à acheter des titres de dettes bancaires susceptibles d'être décotés ou convertis en actions en cas d'activation des mécanismes de renflouement interne. Le dispositif de résolution des banques adopté en décembre 2013 par l'Union européenne vise à protéger les contribuables en cas de résolution bancaire en procédant à un renflouement interne. Il s'agit de mettre prioritairement à contribution les actionnaires et les créanciers de la banque détenant des titres éligibles au renflouement interne. Seuls les créanciers les plus avertis détenant les catégories de titres exposés sont censés être concernés, en aucun cas les petits déposants. Or, à la banque Monte dei Paschi di Siena, des conseillers indélicats avaient vendu pendant des années des obligations subordonnées, donc exposées à des pertes en cas de résolution, à de petits épargnants. En novembre 2015, la première mise en œuvre du mécanisme de renflouement interne, lors du sauvetage de quatre banques locales, avait provoqué le suicide d'un retraité qui y avait perdu toutes ses économies[1].

Il y a bien conflit d'intérêts. En conseillant aux épargnants d'acheter des titres susceptibles d'entraîner des pertes alors même que la probabilité d'activation de ce mécanisme était élevée en raison de la sous-capitalisation du secteur bancaire italien[2], ce sont bien les intérêts de la banque qui ont primé sur ceux de ses clients. L'État italien, cherchant à protéger les épargnants concernés, a été conduit à injecter des fonds publics, contrevenant ainsi aux règles européennes qui venaient d'être adoptées. Ce cas est intéressant, car c'est un défaut de loyauté massif à l'égard des clients particuliers de la banque qui a empêché l'activation des mécanismes de renflouement interne et contraint à une recapitalisation sur fonds publics. Cet épisode non seulement lèse l'intérêt général, mais décrédibilise également la Directive européenne sur la résolution

1. http://www.lemonde.fr/economie/article/2016/12/10/la-banque-italienne-bmps-de-nouveau-en-peril_5046772_3234.html#MrL8o7Z8RjzVo55r.99.
2. Se référer aux résultats des tests de stress publiés par l'Autorité bancaire européenne le 29 juillet 2016, http://www.eba.europa.eu/documents/10180/1532819/2016-EU-wide-stress-test-Results.pdf.

au moment même de sa mise en œuvre. C'est donc la concrétisation à grande échelle d'un conflit d'intérêts d'ordre microéconomique qui a débouché sur la réalisation d'un défaut de loyauté d'ordre macroéconomique.

Les banques universelles sont percluses de conflits d'intérêts. Certains s'expriment dans la seule banque d'investissement, d'autres concernent la combinaison d'activités permise dans la banque universelle.

Une approche exhaustive étant irréaliste, nous nous contenterons de porter un éclairage sur quelques illustrations significatives de ces conflits d'intérêts.

La banque d'investissement est un nœud de conflits d'intérêts. Sur le marché primaire, c'est-à-dire le marché où sont émis les nouveaux titres, elle fournit des services à l'émission de titres et des conseils en fusion-acquisition. Sur le marché secondaire, elle a une activité de courtage, de tenue de marché et, éventuellement, de trading pour compte propre. Le marché secondaire est une sorte de marché de l'occasion qui assure la liquidité des titres. Quand les journaux évoquent les évolutions des cours boursiers, il s'agit de la variation des prix des titres sur ce marché secondaire. Le courtage consiste à mettre en relation des vendeurs avec des acheteurs potentiels afin de faciliter la réalisation de la transaction financière. Un teneur de marché (*market maker*) est un acteur des marchés financiers dont le rôle principal est d'assurer la liquidité des titres. Pour ce faire, il propose de façon régulière et continue des prix à l'achat et à la vente. La différence entre le prix auquel un teneur de marché est prêt à acheter un instrument financier (*bid*) et le prix auquel il est disposé à le vendre (*ask*) est une source de profit. Il se rémunère donc par l'écart entre ces deux prix : le *spread*. Le trading pour compte propre est l'activité spéculative des banques. Elle consiste à prendre des positions sur les différents marchés financiers – actions, taux, devises ou marchés dérivés – pour elle-même, et non pas pour le compte de ses clients. Les activités de recherche et d'analyse viennent en support pour les activités que nous venons d'évoquer tant sur les marchés primaires que secondaires.

Les activités de placement de titres, de courtage, de recherche, d'analyse financière et de tenue de marché présentent de fortes synergies en information, de fortes complémentarités, mais également d'importants conflits d'intérêts potentiels. Attachons-nous à en décrypter certains.

Sur les marchés primaires, les banques d'investissement prennent en charge les émissions de titres souvent par le biais d'un syndicat bancaire (groupe de banques). Concrètement, cela signifie qu'elles achètent directement à l'émetteur les nouveaux titres émis à un prix convenu, avec pour objectif leur placement définitif auprès de clients. Si la banque mandatée dans la vente ne parvient pas à placer tous les titres auprès d'investisseurs, elle court le risque de devoir les conserver. La banque chef de file du syndicat bancaire, c'est-à-dire celle qui fixe le prix de l'offre publique initiale, bénéficie d'un avantage informationnel sur les autres acteurs du marché. Les analystes de la banque ayant été partie prenante dans le processus de collecte et d'analyse de l'information sur l'émetteur préalable à l'émission, ils en savent plus sur l'émetteur que le marché. Ils sont donc en position d'offrir de meilleures recommandations d'achat/vente et de meilleures prévisions sur les performances de la firme émettrice aux investisseurs.

Cependant, la banque chef de file est également souvent un teneur de marché sur le marché secondaire pour les titres dont elle a assuré l'émission sur le marché primaire. La combinaison de ces services financiers est justifiée par le fait qu'elle permet d'exploiter des synergies en information évidentes ; mais, dans le même temps, elle crée des conflits d'intérêts flagrants. Pourquoi ? La banque d'investissement sert deux types de clients (les émetteurs et les investisseurs), et les incitations à être loyale vis-à-vis de chacun sont contradictoires. Les investisseurs recherchent une information non biaisée, sur laquelle fonder leurs choix d'investissement. La banque a-t-elle intérêt à fournir une telle information « objective » ? Pour soutenir ses activités à l'émission de titres sur les marchés primaires, la banque a un intérêt évident à transmettre des informations « optimistes » aux investisseurs. L'incitation existe donc à distordre l'information dans un sens avantageant l'une des activités au détriment de l'autre. Cette déformation de l'information s'opérant de façon à favoriser l'activité la plus lucrative. Les périodes d'euphorie financière sont particulièrement propices à l'exploitation de ces conflits d'intérêts, et donc à la production d'informations biaisées par un excès d'optimisme. Cela participe à la procyclicité des marchés financiers. La période ayant précédé l'éclatement de la bulle sur les valeurs technologiques dite « bulle internet », de 1995 à mars 2000, a été une période au cours de laquelle ces conflits d'intérêts ont joué à plein. De manière générale, offrir des conseils en matière d'investissement financier et vendre des titres à des clients sans révéler le propre intérêt de la banque dans la transaction est un conflit d'intérêts avéré.

Par ailleurs, dès lors que la banque fait du trading pour compte propre, elle peut mobiliser à son profit les informations obtenues auprès de ses clients, et même jouer son intérêt contre celui de ses clients[1].

L'affaire Abacus est, de ce point de vue, exemplaire. La SEC[2], qui est l'organisme fédéral américain de réglementation et de supervision des marchés financiers, a, en avril 2010, porté plainte contre Goldman Sachs. Elle l'accusait d'avoir trompé ses clients pour servir ses intérêts et ceux du hedge fund dirigé par John Paulson. Il s'agit donc d'un conflit d'intérêts avéré, la banque favorisant ses intérêts et ceux de l'un de ses gros clients au détriment de ses autres clients. Quels sont les tenants de cette affaire ? Début 2007, afin d'aider Paulson à spéculer sur l'effondrement de l'immobilier qu'il anticipait, Goldman Sachs a créé et commercialisé le fonds Abacus 2007-AC1, un produit de titrisation complexe. L'actif du fonds était composé de dérivés de crédit (CDS), sur un portefeuille représentatif de titres hypothécaires et notamment de crédits subprimes. Les investisseurs qui achetaient des titres Abacus devenaient en quelque sorte les assureurs, qui

1. Le trading pour compte propre qui expose le capital de la banque à d'éventuelles pertes liées à la spéculation pour son propre compte, et non pour des opérations pour le compte des clients, était une activité florissante et très lucrative avant la crise de 2007. Elle s'est considérablement réduite depuis. La déréglementation mise en œuvre par l'administration Trump risque de lui redonner de la vigueur.
2. Securities and Exchange Commission.

percevaient des primes aussi longtemps que les obligations ne s'effondraient pas, mais qui engrangeraient les pertes en cas de retournement du marché. Les actifs du fonds étaient censés avoir été choisis par une tierce partie indépendante, ACA Management. En réalité, le fonds Paulson avait été impliqué dans la sélection des actifs. Le document de commercialisation d'Abacus précisait qu'une contrepartie prenait des positions vendeuses sur les sous-jacents. Il ne donnait pas son identité. Or, il s'agissait du hedge fund de Paulson, qui a versé 15 millions de dollars de commission à Goldman Sachs pour créer et commercialiser l'Abacus 2007-AC1. Alors que Goldman Sachs incitait ses clients à jouer l'immobilier à la hausse, son partenaire, le hedge fund dirigé par Paulson, inspirateur du fonds, pariait à la baisse sur les mêmes actifs… En vendant à découvert de l'Abacus, Paulson a engrangé jusqu'à 1 milliard de dollars de profit… La vente à découvert consiste à vendre des titres que l'on ne possède pas afin de les racheter plus tard à un prix inférieur. Les investigations du Sénat américain ont montré, au-delà du cas Abacus, que Goldman Sachs a parié pour son propre compte à partir de 2007 sur l'effondrement du marché des créances immobilières, sans rien en révéler à ses clients, à qui elle vendait les produits dont elle se débarrassait. En d'autres termes, le conflit d'intérêts s'est concrétisé dans ses deux dimensions : Goldman Sachs a favorisé les intérêts d'un de ses clients au détriment des autres et, dans le même temps, a favorisé ses propres intérêts au détriment des mêmes clients déjà lésés.

Le scandale dit du « Libor[1] » peut également s'interpréter à l'aune des conflits d'intérêts. Il recoupe en fait plusieurs manipulations des taux interbancaires[2] : les taux britannique (Libor), mais également européen (Euribor[3]). Ces taux qui concernent une quinzaine de maturités, de un jour à un an, et une dizaine de monnaies, soit au total environ 150 taux interbancaires, servent de référence sur tous les marchés financiers de la planète. Ils ont pu être manipulés entre 2005 et 2009, car ce ne sont pas des taux observables dans les transactions effectives sur les marchés, mais des taux calculés à partir des déclarations d'un certain nombre de grandes banques. Le Libor est le taux auquel les banques se prêtent mutuellement des fonds en blanc, ce qui signifie sans garantie. C'est le taux de référence de plusieurs centaines de milliards de dollars de produits financiers et de millions de dollars de prêts hypothécaires résidentiels[4]. Le Libor est le plus important des taux interbancaires mondiaux. Il était établi quotidiennement par seize banques parmi les plus grandes banques mondiales[5] (dont les trois banques françaises BNP Paribas, Société Générale et Crédit Agricole SA, mais aussi Barclays, UBS, Royal Bank of Scotland, Deutsche Bank, Lloyds, etc.). Le département de trésorerie de chaque banque, censé être indépendant des traders, annonçait à 11 heures

1. London Interbank Offered Rate.
2. Un scandale du même type.
3. Euro Interbank Offered Rate.
4. Prêt pour l'achat d'un bien immobilier dans lequel le bien acquis sert de garantie au prêt.
5. Quarante-trois banques étaient impliquées dans la détermination de l'Euribor.

chaque jour son taux de refinancement, à savoir le taux auquel la banque prétendait se financer auprès d'autres banques. Les données étaient collectées par la British Bankers Association, qui faisait ensuite le calcul et publiait le taux en retirant les valeurs extrêmes afin de prévenir les éventuelles manipulations…

L'effet de moyenne et l'élimination des valeurs déclaratives extrêmes étaient censés prémunir d'une manipulation du Libor. Pour que celle-ci ait eu lieu, il faut non seulement que les « murailles de Chine » internes aux banques entre traders et département de trésorerie aient sauté, mais, au surplus, qu'il y ait eu une véritable collusion entre un nombre significatif de banques du panel y ayant intérêt, donc ayant les mêmes positions nettes. C'est pourquoi François Morin qualifie ces manipulations de taux d'« ententes en bande organisée[1] ».

Ces manipulations ont eu lieu entre 2005 et 2009, mais avec deux sous-périodes bien différenciées quant à leurs objectifs. De 2005 à 2007, elles visaient à doper les profits de trading de certaines banques du panel qui déterminaient le Libor. La manipulation des taux interbancaires a permis aux traders de faire des profits indus en fonction de l'évolution du Libor (à la hausse ou à la baisse), et selon leur position acheteur ou vendeur de produits financiers. La rémunération variable (bonus) des traders étant directement conditionnée par leur performance à générer des profits sur les positions prises, nul besoin d'être un expert en conflit d'intérêts pour comprendre les incitations perverses

1. F. Morin, *L'Hydre mondiale – l'oligopole bancaire*, Lux éditeur, 2015.

que cela induit. De 2007 à 2009, période de pénurie de liquidité, la manipulation visait à occulter les difficultés de financement des banques impliquées dans la détermination du Libor afin d'éviter que celles-ci n'empirent.

Quand la crise financière a éclaté, la motivation de la manipulation du Libor s'est donc transformée. Des considérations en termes de réputation deviennent alors centrales.

Le Libor et l'Euribor sont des indices de référence qui influencent directement la valeur d'instruments et de contrats financiers qui reposent sur eux. La manipulation de ces indices de référence, quelle qu'en soit la motivation, entraîne un transfert direct d'argent entre les parties contractantes qui, compte tenu des volumes en cause, est énorme. Il y a clairement conflit d'intérêts lorsque les contributeurs à la détermination du taux interbancaire sont des utilisateurs de celui-ci, ce qui est évidemment le cas des banques du panel de détermination du taux.

Le scandale de la manipulation du Libor a donc révélé un nœud de conflits d'intérêts particulièrement grave. Un petit groupe d'intérêts privés (les banques du panel) contrôlait le processus de fixation d'un indice de référence (*benchmark*) qui a un impact considérable sur la valorisation des produits financiers notamment dérivés, sur le système financier global, sur l'intégrité des marchés et donc sur l'intérêt général.

Les atteintes à la loyauté vis-à-vis de l'intérêt général

Les conflits d'intérêts d'ordre macroéconomique désignent l'atteinte à la loyauté vis-à-vis de l'intérêt général et/ou la simple suspicion d'atteinte à l'impartialité qui alimente la défiance dans le secteur bancaire.

Ces conflits d'intérêts à incidence macroéconomique se sont exacerbés depuis la fin du XXᵉ siècle. En effet, à partir des années 1990, les banques universelles systémiques ont grossi essentiellement *via* leurs activités de trading[1]. Les travaux empiriques récents montrent que plus la taille d'une banque est grande, plus sa structure organisationnelle est complexe, moins elle a de capital, plus sa structure de financement est fragile relativement aux banques plus petites. Les grandes banques créent plus de risque systémique à mesure qu'elles s'engagent dans les activités de marché[2]. La prise en compte de la dimension sociétale des conflits d'intérêts a été centrale dans les années 1930. *A contrario*, elle est totalement absente des débats contemporains sur les solutions à adopter pour maîtriser les dangers pour la collectivité des banques systémiques. Pourtant, cela changerait probablement la « balance » dans les options retenues. De nos jours, ce sont les surcharges en capital (très limitées) et les mécanismes de résolution incluant les principes de renflouement interne (*bail in*) qui sont les mesures

1. E. Liikanen, « The high-level expert group on reforming the structure of the E.U. banking sector : Final Report », 2012.
2. L. Laeven, L. Ratnovski et H. Tong, « Bank size and systemic risk », *IMF Staff Discussion Note*, mai 2014.

essentielles mises en avant pour maîtriser le problème des banques systémiques. Elles n'ont pas d'impact sur les conflits d'intérêts. Les réformes de la structure des banques – séparation des activités – qui constituent une réponse directe et efficace aux conflits d'intérêts qui minent les banques universelles systémiques ont le plus souvent été enterrées, à l'exception notable de l'interdiction ou de la limitation du trading pour compte propre.

Les défauts de loyauté vis-à-vis de l'intérêt général qui affectent les banques systémiques se caractérisent non seulement par des prises de risque excessives, mais également par des risques éthiques majeurs exacerbés par les conflits d'intérêts. Ils s'expriment massivement dans le champ du blanchiment, de l'évasion fiscale et de la corruption. Certaines banques sont plus particulièrement marquées par ce relâchement éthique. C'est notamment le cas de HSBC (Swissleaks), UBS ou Deutsche Bank.

La tolérance des régulateurs face à la question des conflits d'intérêts favorise donc tant les prises de risque que les relâchements dans les pratiques déontologiques. Le coût pour la société de ce « laxisme » est massif et peut s'interpréter comme le symptôme d'une capture de la société par la finance. Celle-ci passe par de multiples canaux, certains évidents comme le pouvoir des lobbies financiers, d'autres plus insidieux comme la capture cognitive, intellectuelle et idéologique des régulateurs. Nous l'analyserons en détail dans un prochain chapitre.

Chapitre 3

La théorie économique au banc des accusés

La vision dominante des économistes et des décideurs politiques sur le fonctionnement du système bancaire et financier ainsi que sur le bien-fondé des réglementations conditionne la conception de celles-ci et les objectifs qu'on leur assigne. Cette vision dominante n'est pas gravée une fois pour toutes dans le marbre. Elle évolue au cours du temps. Mais, à chaque époque, la théorie économique peut être instrumentalisée à des fins qui nuisent à l'intérêt général et qui profitent à des intérêts particuliers. Les théories économiques de la réglementation, leur réappropriation par les décideurs publics, leur instrumentalisation par l'industrie régulée, peuvent être des vecteurs de capture puissants, car auréolés du sceau du savoir scientifique.

Dans ces processus d'instrumentalisation de la discipline « sciences économiques », les ficelles sont souvent grosses. Les prudences du chercheur en économie appliquée, qui se retranche derrière la contingence de ses études empiriques à une période, à une zone géographique ou à un échantillon donné, sont comme « oubliées ». Les mises en garde du théoricien soulignant l'ensemble des hypothèses restrictives qui balisent son travail et entravent toute généralisation ou transposition directe à l'économie réelle passent à la trappe. Toute la rigueur scientifique qui caractérise le travail de l'économiste est alors balayée par ceux-là mêmes qui s'en prévalent. Théorie et empirie peuvent être utilisées comme vecteur de légitimation des réglementations (et déréglementations) appliquées à la finance. Dans ce processus d'appropriation par les décideurs publics, les théories économiques deviennent des doctrines, puis de véritables dogmes. On oublie alors que l'économie est une science sociale, et non une science dure. À ce titre, elle ne produit pas de « lois » ou d'invariants, mais de simples récurrences, régularités conditionnées au contexte institutionnel et socio-économique d'une période historique donnée. L'instrumentalisation des travaux de recherche en économie ossifie un savoir daté et contingent, et tente de le travestir en vérité incontestable. Par les simplifications et les raccourcis qu'elle implique, elle éclabousse la communauté des économistes. Pourtant, les économistes dans leur majorité ne prêtent pas suffisamment attention au galvaudage de leur discipline que cela traduit et, par effet boomerang, à la perte de crédibilité que collectivement ils subissent.

La légitimation de la déréglementation financière et bancaire

Le corpus théorique et empirique ayant légitimé et justifié la libéralisation financière à partir des années 1970 a également contribué à façonner les réglementations bancaires et financières peu contraignantes de la période pré-crise. À ce titre, il a une responsabilité majeure quant à la gravité de la crise financière globale. La croyance dans l'efficience et dans l'autorégulation des marchés financiers a désarmé le politique face à la finance. Facteur aggravant, cette fragilisation du politique face à la finance s'est opérée avec la bénédiction des économistes promoteurs de cette vision du monde. Comme le souligne avec justesse Adair Turner : « Les principaux échecs de l'économie pré-crise avaient donc des origines méthodologiques communes : une fascination pour le raisonnement par axiomes et pour les modèles apparemment complets et certains, et une volonté d'ignorer les complexités du monde réel[1]. » Dominait l'idée que les marchés financiers libéralisés peuvent être stables et s'autoréguler si les banques centrales ont des cibles d'inflation claires. Cette vision de la finance suppose d'admettre le postulat selon lequel les modèles mathématiques mobilisés par les économistes, dans lesquels des agents rationnels maximisent leur utilité sur la base d'anticipations rationnelles, suffisent à décrire notre monde. Cette représentation d'une économie maîtrisable, prédictible, mue par des règles, normes, régularités parfaitement réductibles à des modèles mathématiques, est évidemment fausse. Elle traduit pourtant le rêve de certains économistes que leur discipline, telle la physique newtonienne, rompe les amarres avec les sciences sociales et rejoigne le territoire plus glorieux, mais également plus rassurant, des sciences dures. Paradoxalement, les adeptes des anticipations rationnelles et d'une liberté totale des marchés aux propriétés autorégulatrices partagent une certaine vision du monde avec les planificateurs

1. *Reprendre le contrôle de la dette*, Éditions de l'Atelier, 2017, p. 320.

socialistes. De nouveau, le diagnostic d'Adair Turner est juste : « La conviction partagée est que soit les agents rationnels, soit les planificateurs rationnels peuvent produire un résultat socialement optimal dans un monde mathématiquement prédéterminé[1]. » Cette parenté intellectuelle avec les sciences dures revendiquée par les économistes dominants a une responsabilité évidente dans les choix qui ont été faits de laisser se développer une finance libéralisée et hypertrophiée dont nous avons payé le prix des dérives. Une filiation avec les sciences sociales, en particulier l'histoire et la psychologie sociale, nous aurait au contraire immunisés contre la vision utopique des marchés financiers qui a conduit à la crise financière majeure de ce début de XXIe siècle.

Un petit détour par le temps long peut ici être utile.

D'une conception d'un État régulateur bienveillant et efficace à un État promoteur de répression financière

L'évolution des réglementations bancaires depuis la crise des années 1930 est fortement influencée par l'analyse économique de la réglementation. Des années 1930 aux années 1960, c'est l'approche de la réglementation en termes d'intérêt public qui constitue le corpus théorique dominant. Celle-ci met l'accent sur le rôle de l'État dans la correction des défaillances de marchés au sens large incluant les monopoles naturels, les rendements croissants et les externalités. Elle reconnaît l'impératif pour la puissance publique de

1. *Ibid.*, p. 321.

se substituer au marché quand celui-ci est défaillant. C'est le cas pour la fourniture de biens collectifs. Elle porte une vision optimiste de la réglementation légitime et de son efficacité. L'État régulateur protège la société des inefficacités multiples et reconnues des marchés.

Cette conception va être contestée à partir des années 1960 dans les milieux académiques. L'école de Chicago joue alors un rôle leader dans la nouvelle vision de l'économie, de la finance et du rôle minimaliste de l'État qui conduira à la catastrophe de la crise financière globale[1]. Elle va poser les fondements de ce que nous appelons communément aujourd'hui le néolibéralisme. Dans le champ de la finance, les critiques des réglementations qui avaient été adoptées après la crise des années 1930 furent alors très vives. Les réglementations ne sont plus considérées comme palliant les inefficiences des marchés, mais au contraire comme les créant. La réglementation n'est alors plus pensée comme améliorant le bien-être collectif, mais au contraire comme générant des effets pervers non compensés par les avantages que l'on peut en attendre.

Parallèlement à cette charge hostile aux réglementations en général et aux réglementations financières en particulier, l'école de Chicago, sous la houlette d'Eugène Fama, produit et porte à partir du milieu des années 1960 l'hypothèse des marchés financiers

1. L'analyse ici faite du rôle de la théorie économique dominante dans la conception des réglementations bancaires s'appuie largement sur un article coécrit avec Sophie Harnay, « The influence of the economic approaches to regulation on banking regulations : a short history of banking regulation », *Cambridge Journal of Economics*, 2015. Pour plus de précisions, le lecteur pourra utilement s'y référer.

efficients. La pierre angulaire en est que les prix sur les marchés financiers reflètent complètement et instantanément toute l'information pertinente disponible. En tant que super-agrégateurs d'information, les prix sur les marchés financiers ne peuvent s'éloigner durablement des « fondamentaux ». Ils sont enracinés dans l'économie réelle.

Ajoutons au tableau de ce revirement intellectuel majeur dans le petit monde des économistes l'hypothèse d'anticipation rationnelle qui naît au même moment avec les travaux de John Muth et Robert Lucas. Elle irrigue rapidement la macroéconomie et la modélisation des comportements économiques. L'hypothèse d'anticipation rationnelle représente un monde économique probabiliste où les agents fondent leurs décisions sur une évaluation rationnelle de la distribution de probabilités des états du monde possibles en s'appuyant sur toutes les informations disponibles. Le présupposé très structurant est donc que chacun d'entre nous connaît le modèle de fonctionnement de l'économie, notamment toutes les interactions entre les variables. Chacun, économiste ou non, jugera de la pertinence de l'hypothèse... Appliquées aux marchés financiers, les anticipations rationnelles véhiculent l'idée que toute l'information pertinente est déjà intégrée dans les prix qui se forment sur les marchés, et que les erreurs de prévision ne peuvent être que purement aléatoires. Les marchés financiers sont représentés comme s'autorégulant, et les régulateurs comme des empêcheurs de tourner en rond...

Hypothèse d'efficience des marchés et anticipations rationnelles constituent ainsi les principaux ingrédients de l'aveuglement des économistes. Elles portent une vision de l'économie qui interdira à nombre d'économistes de voir venir la grande crise financière. Cette vision pro-marchés financiers relève pourtant du mantra. En témoigne son enracinement en dépit de maintes preuves empiriques qui, déjà à l'époque, interrogeaient l'hypothèse d'efficience des marchés[1]. En témoigne également son imperméabilité aux développements de la théorie comportementale. Celle-ci, dès le milieu des années 1970, met en évidence les biais cognitifs et comportementaux des agents économiques[2], aux antipodes de l'agent rationnel dont le comportement fait converger les prix de marché vers leur « valeur fondamentale ».

Quand la théorie économique légitime la déréglementation financière

Ce contexte intellectuel très prégnant chez les économistes légitimera la déréglementation et sera conforté par l'émergence au début des années 1970 d'une conception plus pessimiste de la réglementation. Cette nouvelle approche dite en termes d'intérêts privés ne conçoit plus la réglementation comme servant un intérêt collectif supérieur, et contribuant donc à l'amélioration du bien-être social. Au contraire, les réglementations sont pensées comme servant des intérêts privés. Dans la foulée des travaux

1. Notamment R. Shiller, « Do stock prices move too much to be justified by subsequent changes in dividends ? », *American Economic Review*, vol. 71, 1981 ; W. DeBondt et W. Thaler, « Does the stock market overreact ? », *Journal of Finance*, vol. 40, 1985.
2. D. Kahneman et A. Tversky, « Judgment under uncertainty : heuristics and biases », *Sciences*, vol. 185, 1974.

de Stigler, Peltzman ou Becker[1], le focus est mis sur le lobbying et les groupes d'intérêts privés s'organisant et mobilisant des ressources pour distordre les réglementations en leur faveur. Par un curieux renversement de perspective, les réglementations qui avaient été instaurées aux États-Unis en réaction à la crise des années 1930 sont totalement réinterprétées. La segmentation de l'industrie bancaire, les barrières à l'entrée sur les marchés bancaires ou l'assurance dépôts sont dès lors analysées comme servant avant tout les intérêts des banques et des caisses d'épargne. Ces réglementations adoptées à l'origine pour le bien commun sont présentées comme nuisant au bien-être des consommateurs et aux intérêts des concurrents potentiels, empêchés d'entrer sur le marché[2]. Les économistes, de nouveau, ont nourri ce contexte intellectuel de défiance à l'égard des réglementations. Celles-ci ne feraient que servir des intérêts privés, créeraient des distorsions de concurrence au détriment des consommateurs, entravant l'autorégulation des marchés elle-même défendue par les économistes influents de l'école de Chicago. La boucle est bouclée.

---

1. G. Stigler, « The theory of economic regulation », *Bell Journal of Economics and Management Science*, vol. 2, n° 1, 1971 ; S. Peltzman, « Toward a more general theory of regulation », *Journal of Law and Economics*, vol. 19, n° 2, 1976 ; G. Becker, « Theory of competition among pressure groups for political influence », *Quarterly Journal of Economics*, vol. 98, n° 3, 1983.
2. G. Benston, *The Separation of Commercial and Investment Banking : The Glass Steagall Act Revisited and Reconsidered*, Norwell, MA, Kluwer Academic, 1989 ; R.S. Kroszner et R.G. Rajan, « Is the Glass Steagall Act Justified ? A study of the US experience with universal banking before 1933 », *American Economic Review*, vol. 84, n° 4, 1994.

En conséquence, avec la bénédiction d'économistes parmi les plus influents, entre le milieu des années 1970 et la fin des années 1980, les réglementations héritées des années 1930 furent pour l'essentiel supprimées. Ce démantèlement n'a fait qu'entériner leur réelle perte d'efficacité du fait des innovations financières permises par le nouveau contexte et par les mutations de l'environnement macroéconomique[1] ainsi que par la révolution des techniques d'information et de communication.

Ce vaste mouvement de déréglementation fut perçu par les décideurs publics comme devant bénéficier aux consommateurs, notamment du fait du renforcement de la concurrence dans une industrie bancaire et financière qui était préalablement très segmentée. Il ne fut pas anticipé que la réaction des intermédiaires financiers à ce choc de concurrence conduirait à les fragiliser. Les innovations et de nouvelles pratiques financières trouvent alors un contexte favorable. Elles mèneront à la grande crise de 2007-2008.

Ainsi, en réaction à l'accroissement de la concurrence, les intermédiaires financiers furent incités à sortir de leur cœur de métier pour mieux résister à ce décloisonnement de l'industrie financière et bancaire. C'est l'un des facteurs clefs ayant conduit les banques qui allaient devenir systémiques à investir massivement les activités de marché et à s'internationaliser tant dans leurs activités que dans leur structuration de groupe. Comme l'explique Andrew Haldane, « la raison de ce

1. Changes flottants, libéralisation des mouvements de capitaux, accroissement de la volatilité des taux d'intérêt à partir de la fin des années 1960 et de l'inflation dans les années 1970.

changement de cap était à l'image des années 1920. Les grandes banques ont convaincu les politiciens des coûts privés élevés des restrictions qui nuisaient à l'efficacité de leur offre au public[1] ». Très peu de voix s'élevèrent alors pour contester le bien-fondé de cette vague de déréglementation. Celles qui s'exprimèrent étaient inaudibles, car taxées d'oiseaux de mauvais augure. Comme l'écrit fort justement James Kwak : « Bien que plusieurs signes de capture traditionnelle soient présents – en particulier les bien huilées portes tournantes[2] entre les agences de réglementation et l'industrie –, l'argument d'une capture au sens strict est affaibli par une explication plausible alternative : les fonctionnaires des agences sont véritablement convaincus par l'argument selon lequel les marchés financiers libres sont bons pour le public[3]. » Cette justification alternative relève également d'un mécanisme de capture, mais bien plus insidieux : la capture intellectuelle et cognitive. Nous y reviendrons.

De la déréglementation à une réglementation prudentielle toujours prisonnière du corpus économique dominant

Parallèlement aux forces conduisant à la déréglementation, la question de l'insuffisante capitalisation

1. A. Haldane « The $100 billion question, comments at the Institute of Regulation & Risk », Hong Kong, mars 2010.
2. Nous les évoquerons longuement dans un prochain chapitre.
3. J. Kwak, « Cultural capture and financial crisis », in D. Carpenter, S. Croley et D. Moss (éd.), *Preventing Regulatory Capture : Special Interest Influence and how to limit it*, Cambridge University Press, 2013.

des banques internationales devint une préoccupation montante à partir de la faillite de la banque Herstatt en 1974. Cette préoccupation gagna en acuité après la crise de la dette souveraine des pays d'Amérique latine et le défaut du Mexique en 1982, car la dette de ces pays était alors majoritairement détenue par des banques de pays occidentaux. Celles-ci sous-évaluèrent grossièrement le risque de crédit, en dépit des signaux avant-coureurs de la crise. Elles négligèrent dans leur évaluation des risques l'accroissement très rapide des ratios de l'encours extérieur de la dette et du service de la dette aux exportations, observés dans la plupart des pays d'Amérique latine à partir de 1980. Cette incapacité à anticiper les crises financières pourtant imminentes est fréquente. Cet épisode de myopie au désastre ne fut que le premier d'une longue série (crise mexicaine de 1994, asiatique de 1998, russe de 1998… jusqu'à la grande crise de 2007-2008).

En réaction, le Comité de Bâle pour la supervision bancaire fut créé dès 1974. L'impulsion majeure pour le renforcement des exigences de capitalisation des banques fut donnée, dans le cadre de la Banque des règlements internationaux, en juillet 1988, par la signature d'un accord entre les gouverneurs des banques centrales des principaux pays industrialisés. Il instaura un ratio international de solvabilité connu sous le nom de ratio Cooke. On l'appelle aujourd'hui ratio de Bâle 1, en référence aux réformes successives celui-ci. L'importance de cet accord tient à la reconnaissance du rôle du capital dans la solidité des banques.

Le choix qui fut alors fait, et qui jusque-là n'a jamais été démenti, fut de promouvoir un ratio de capital pondéré par les risques : plus les actifs de la banque sont considérés comme risqués, plus la banque doit avoir de capital à son passif.

La déréglementation de l'industrie bancaire s'est donc accompagnée d'un durcissement de la réglementation prudentielle, essentiellement axée sur le renforcement des exigences de capitalisation.

L'autorégulation au cœur de la réglementation ou l'incompréhension de l'endogénéité des risques globaux

À partir du milieu des années 1990 s'opère donc une inflexion majeure vers l'autorégulation, puisque les banques sont autorisées à utiliser leurs propres modèles d'évaluation des risques pour calculer le dénominateur du ratio de capital réglementaire. Ces modèles VaR (pour *Value at Risk*) sont censés être des instruments adaptés à l'évaluation et à la gestion des portefeuilles de marché et des positions hors bilan. La VaR fournit une mesure probabiliste de la perte maximale potentielle associée à un portefeuille donné, pour une durée de détention et un intervalle de confiance déterminés à la suite d'une variation des prix de marché.

Le fait que les banques puissent calculer le dénominateur du ratio de capital et donc le manipuler[1], couplé à un lobbying intense pour faire valider comme capital des titres de dettes subordonnés dont les capacités d'absorption des pertes sont faibles, conduira à ce que les banques entrent très sous-capitalisées dans la crise. Au-delà de ce principe

1. M. Mariathasan et O. Merrouche, « The manipulation of Basel risk weights », *Journal of Financial Intermediation*, Elsevier, vol. 23 (3), 2014.

d'autorégulation, l'orientation purement microprudentielle de la réglementation bancaire a également sa part de responsabilité dans l'exposition des contribuables aux coûts de renflouement du secteur bancaire. La logique microprudentielle est centrée sur le renforcement de la robustesse des banques individuelles. Elle repose sur le présupposé selon lequel, en rendant plus résistante chaque banque individuellement, on renforce la robustesse du système financier dans son ensemble.

Ce présupposé ressemble à un truisme, mais en réalité il s'agit d'un sophisme. En effet, le risque systémique n'est pas la simple agrégation des expositions individuelles aux risques. Cela, d'autant plus que les risques sont sous-estimés du fait de la logique des modélisations utilisées pour les évaluer. En effet, les modèles internes de contrôle des risques des banques qui servent à la détermination de leur capital réglementaire sont fondés sur une conception du risque comme un jeu contre la nature. Cela signifie que chaque banque suppose être dans un environnement où le risque provient de facteurs exogènes. En fait, ces modèles ressemblent à celui de la météo où le temps n'est affecté ni par les prédictions des météorologues, ni par les actions que suscitent ces prédictions. En clair, si l'on prédit qu'il va pleuvoir et si chacun, parce qu'il a une aversion pour le risque, sort avec son parapluie, l'épisode pluvieux ne résulte pas du comportement des agents pour se prémunir des effets de la pluie. Le problème est que le climat de la finance répond à un fonctionnement différent. En période de stress financier, le risque devient endogène. Pour continuer à filer la métaphore, en finance, parce que tout le monde sort avec son parapluie, il ne va pas seulement pleuvoir, ça va être le déluge. En période de stress financier, les méthodes de couverture des risques dictées par les modèles de gestion des risques qu'utilisent les banques ont tendance à homogénéiser leurs réactions face aux risques. Les actions prises par chaque banque pour se protéger contre les risques minent la stabilité du système dans son ensemble. La conclusion est alors claire : si l'objectif est la stabilité financière globale, c'est une erreur de fonder la régulation financière sur les meilleures pratiques de gestion du risque au niveau individuel. Or, c'est précisément la logique de la réglementation du capital bancaire. Les réponses optimales au niveau individuel face à la montée des risques ne font que rendre les crises financières plus graves et plus coûteuses collectivement. La réglementation de Bâle a donc créé deux nouveaux risques : le risque de modèle et le risque d'un faux sentiment de sécurité qui s'est généralisé au cours des années ayant précédé la crise et qui a probablement favorisé les comportements risqués. Les modèles d'évaluation des risques ne représentent qu'une simplification de la réalité, et non la réalité elle-même. Le choix d'un modèle peut donc induire des erreurs dans l'évaluation du risque et être à l'origine de risque de modèle[1].

1. Le risque de modèle peut donc être ainsi défini : c'est « un type de risque qui se réalise lorsqu'un modèle financier, utilisé pour mesurer un risque de marché d'une entreprise ou la valeur de transactions financières, n'accomplit pas les tâches ou ne reflète pas correctement les risques pour lesquels il a été conçu ». Définition tirée de T. Lallement, K. Nisipasu, M. Topozu et L. Elbahtouri, « Le risque de modèle », miméo, 1er octobre 2014, http://www.actuaries.org/oslo2015/papers/YF-Lallement.pdf.

En quoi les économistes ont-ils une responsabilité dans ces choix prudentiels qui se sont révélés calamiteux du point de vue de l'intérêt collectif ?

Théorie de l'agence et des asymétries d'information ou comment justifier l'autorégulation

Les réglementations adoptées depuis les années 1980 – en particulier l'autorégulation – ont été inspirées par le développement et l'influence croissante de nouvelles théories économiques appliquées au champ de la banque. Au premier rang desquelles se trouve la théorie de l'agence, des asymétries d'information et des incitations. Le constat de départ est que les principaux créanciers des banques – à savoir les déposants – n'ont ni l'expertise, ni les informations, ni les incitations à surveiller et discipliner les banques[1]. Le régulateur-superviseur est donc pensé comme se substituant à cette défaillance des créanciers. Cette délégation de supervision est d'autant plus nécessaire que l'existence d'une assurance dépôts renforce les comportements opportunistes des banques. L'assurance dépôts qui couvre les dépôts jusqu'à un certain seuil – 100 000 euros dans l'Union européenne – supprime *de facto* la nécessité pour les déposants de s'interroger sur la solvabilité de leur banque. L'aléa moral est accru. En clair, si les banques, en cas d'insolvabilité, savent qu'elles seront soutenues (prise en charge du remboursement des dépôts, renflouement en capital, injection de liquidité par la banque centrale, etc.), elles

1. M. Dewatripont et J. Tirole, *The Prudential Regulation of Banks*, Cambridge, MA, MIT Press, 1993.

sont incitées à prendre plus de risques puisque, *in fine*, elles ne supportent pas le coût des stratégies risquées, qui sont aussi les plus rentables.

Pour reprendre la terminologie de la théorie de l'agence : les régulateurs sont conçus comme structurant des « contrats optimaux » qui incitent les agents régulés à révéler les informations privées qu'ils détiennent et à prendre des décisions socialement optimales. L'autorégulation est alors justifiée par les asymétries d'information. Les autorités de régulation ne possèdent pas les coûteuses informations requises pour un contrôle et une réglementation efficace des banques. Ce faisant, la délégation du pouvoir réglementaire aux banques elles-mêmes réduit le coût de la réglementation pour les autorités publiques et est conçue comme une réponse efficiente. En résumé, le superviseur-régulateur se substitue aux déposants pour contrôler les banques, mais, pour ce faire, délègue aux banques elles-mêmes une bonne part du travail…

Comme nous l'avons expliqué, cette autorégulation passe par le calcul du dénominateur du ratio de capital utilisant la mesure des risques fournie par les modèles *Value at Risk* que les banques emploient déjà pour la gestion routinière de leurs risques. Revenir sur la genèse de cette méthodologie est instructif. Elle a été imposée par JP Morgan, qui en 1992 a lancé gratuitement sur le marché la méthodologie RiskMetrics, cherchant ainsi à préempter le « standard » pour la mesure des risques de marché. En 1993-1994, JP Morgan a révisé cette méthodologie et popularisé le concept de *Value at Risk* comme étant la mesure du risque d'un portefeuille à utiliser par les institutions financières pour le calcul de l'adéquation de leur capital. Il ne faudra pas longtemps pour que les régulateurs s'alignent sur cette norme prescrite par l'un des acteurs clefs du marché. Dès 1996, les banques sont autorisées à utiliser leur modèle interne de contrôle des risques pour calculer le capital requis pour faire face aux risques de marché de leur portefeuille de négoce. Les accords de Bâle 2, adoptés en 2004 et mis en œuvre en 2007, confirmeront cette inflexion majeure vers l'autorégulation en l'étendant au risque de crédit. Cette reconnaissance des modèles VaR pour le calcul de l'adéquation du capital vise à promouvoir un meilleur alignement du capital réglementaire et du capital économique afin de minimiser les arbitrages de régulation. Le capital économique est celui qu'exigeraient les investisseurs et contreparties s'il n'y avait pas de contrainte réglementaire. Cet objectif de convergence est contradictoire avec ce que doit être le capital réglementaire, dès lors que l'on admet que le régulateur est le représentant des intérêts de la collectivité et donc des contribuables. Le coût collectif d'une faillite bancaire est très supérieur à la somme des coûts privés supportés par les contreparties et les actionnaires. Le capital réglementaire doit donc être plus élevé que le capital économique, car il doit intégrer les coûts pour la société d'une défaillance bancaire.

Le présupposé d'un avantage en termes de performance de la technologie d'évaluation des risques des banques a conduit à ce qu'elles puissent minimiser le capital requis, et donc considérablement accroître leur endettement (levier) dans la période pré-crise. Cet accroissement de la part de la dette au détriment du capital au passif a réduit la robustesse des banques aux chocs, mais dans le même temps a permis de doper les ROE (*Return on Equity*) bancaires, c'est-à-dire le rendement des capitaux propres.

Très clairement, les choix faits par les décideurs publics, cautionnés par la théorie de l'agence, des asymétries d'information et des incitations, ont fragilisé les banques. Ils ont conduit à un alignement des intérêts des actionnaires et dirigeants bancaires vers des prises de risque excessives. Les pertes associées furent prises en charge par la collectivité. Pis, la délégation aux banques du calcul du dénominateur du ratio de capital leur permit de le manipuler de façon à alléger encore la contrainte réglementaire. Cette tentation étant particulièrement forte pour les banques déjà fragilisées.

Faisons un rêve : si l'influence théorique sur les réglementations bancaires avait été celle de Minsky…

Au milieu des années 1980, Hyman Minsky (1919-1996), économiste post-keynésien, publie son ouvrage le plus abouti : *Stabilizing an Unstable Economy*[1]. Cet ouvrage majeur – totalement à contre-courant de la doxa de l'époque – nous met en garde contre l'instabilité endogène des systèmes financiers livrés à eux-mêmes. Minsky est alors bien seul. Il est perçu comme un oiseau de mauvais augure. Ses contemporains ont d'évidence oublié les leçons de la

1. Hyman Minsky, *Stabilizing an Unstable Economy*, Yale University Press, 1986. Traduction française : *Stabiliser une économie instable*, Les Petits Matins, 2015.

crise des années 1930. Lui n'oublia jamais. L'analyse de cette crise est fondatrice et structure l'intégralité de son œuvre. À tel point qu'en 1982 il publie un ouvrage au titre on ne peut plus explicite : *Est-ce que cela peut arriver de nouveau ?*

Minsky n'oubliait pas que la grande crise avait été précédée d'une phase d'euphorie financière, d'un optimisme économique aveugle, d'un accroissement considérable des inégalités, d'une explosion de l'endettement et d'une épidémie de fraudes financières. Contexte qui ressemble étrangement au contexte précrise de 2007-2008… *Stabilizing an Unstable Economy* fut réédité en 2008 : la date, évidemment, interpelle. Le système financier est alors au bord du gouffre et l'ouvrage de Minsky apparaît alors comme ayant donné les clefs de compréhension de cette crise plus de vingt ans avant qu'elle ne se produise. Celui qui avait été disqualifié, car perçu par ses contemporains comme obnubilé par la crise des années 1930, va subitement devenir une référence incontournable. Il fut alors amplement cité par ceux-là mêmes qui l'ignoraient et dont on peut parfois douter qu'ils l'aient même lu. Car la fenêtre s'est bien vite refermée, et l'influence de Minsky bien vite estompée…

Les influences intellectuelles majeures revendiquées par Minsky furent incontestablement Keynes, dont il publia une biographie en 1975, et Schumpeter, qui fut son premier directeur de thèse. Il partageait avec ces grandes figures de l'analyse des dynamiques du capitalisme un intérêt pour les cycles, pour les dynamiques endogènes de transformation du capitalisme, et un rejet du concept d'équilibre.

Hyman Minsky fut un véritable visionnaire. Dès les années 1950, alors même que les systèmes financiers sont encore « corsetés » et très réglementés, il publie des articles majeurs sur les innovations financières. Plus précisément, il pointe les liens entre innovations financières, liquidité de bilan et instabilité. Il n'a malheureusement pas été témoin de la grande crise financière qu'il craignait tant et dont il avait par anticipation décrypté les principaux mécanismes. Il montre dès cette époque que les innovations financières permettent d'accroître la quantité de financements disponibles pour une quantité de monnaie centrale donnée. Qu'elles conduisent les banques à réduire la liquidité de leur bilan et à augmenter leur levier d'endettement, donc à se fragiliser par une sous-capitalisation patente. Il décrivait des mécanismes qui eurent des effets macroéconomiques totalement sous-estimés par les économistes standard et qui mèneront à la crise de 2007-2008.

Dans la conception minskyenne, paradoxalement, la crise naît dans la période d'euphorie. C'est le fameux paradoxe de la tranquillité. À l'hypothèse d'autorégulation des marchés financiers, Minsky substitue l'hypothèse d'instabilité financière que Keynes avait déjà formulée en décrivant les mécanismes ayant conduit à la grande crise des années 1930.

Le chapitre 13 de son ouvrage s'intitule « Un programme de réformes ». Si nombre d'entre elles sont datées et très spécifiques à l'économie américaine de l'époque, d'autres gardent toute leur actualité. Ainsi, il est incontestable que, si Minsky avait inspiré les régulations pré-crise, celles-ci auraient fait la part belle à ce que nous appelons aujourd'hui la régulation macroprudentielle. Cette approche holiste des risques financiers est en concordance directe avec les travaux de Minsky. Les objectifs de la politique macroprudentielle sont de réduire la probabilité d'occurrence des crises financières systémiques, d'en limiter l'intensité et les coûts pour la collectivité quand elles se produisent. Les analyses de Minsky sur le rôle des innovations financières dans l'accroissement de l'endettement dans le système financier confortent les constats empiriques concernant le *shadow banking*, et notamment le rôle de la titrisation. Or, la réduction du levier agrégé est l'une des mesures phares mises en avant par les promoteurs d'une approche de la stabilité financière centrée sur les risques globaux. De la même manière, les différentes mesures prudentielles visant à réduire la pro-cyclicité de la finance sont « Minsky-compatibles ».

La maîtrise du risque systémique ne se résume pas à l'atténuation du cycle financier, elle doit aussi répondre à la problématique des banques systémiques. De ce point de vue également, Minsky fut une sorte de visionnaire. Il écrivait en 1986, c'est-à-dire bien avant l'abandon du Glass Steagall Act : « La situation aux États-Unis se rapproche du chemin qui mène vers un système bancaire dominé par un nombre restreint de banques géantes. Même si le système reste décentralisé, les lois bancaires et leur administration devraient être structurées de façon à encourager la croissance et la prospérité de banques indépendantes et plus petites. Ce n'est pas dans cette direction que vont les modifications actuelles des réglementations et législations bancaires. » De nouveau, les faits lui ont donné raison, même s'il n'imaginait probablement pas à quel point les banques pourraient devenir obèses ; à quel point le système bancaire mondial serait dominé par un oligopole de banques géantes face auxquelles les États ont les mains liées.

Minsky pensait que les banques devaient être étroitement régulées et contrôlées. Il plaidait notamment pour une forte capitalisation bancaire et pour des sanctions dans la politique de dividendes en cas de dégradation des fonds propres de la banque. Le coussin de capital dit de conservation dans les accords de Bâle 3 ne fait pas autre chose – même s'il le fait bien trop timidement. Il ajoute simplement à la proposition de Minsky des contraintes à la politique des bonus. Minsky estimait également que le tissu industriel des petites et moyennes entreprises était favorisé par un système bancaire peu concentré, composé de nombreuses petites banques, c'est-à-dire un système aux antipodes de celui qui prévaut actuellement. La Commission européenne cherche aujourd'hui à réactiver la titrisation dans le cadre de l'union des marchés de capitaux pour soutenir le financement des PME. Minsky a montré le rôle actif de ce type d'innovation financière dans la fragilisation des systèmes financiers. Une Commission « Minsky-compatible » ferait mieux de favoriser une déconcentration du système bancaire et une véritable réforme de la structure des banques afin de promouvoir le financement de l'économie.

Enfin, au-delà des préoccupations de stabilité financière, Minsky pensait qu'il fallait favoriser les financements sur fonds propres plutôt que les financements par la dette. Nombre de travaux de recherche convergent aujourd'hui sur cette préconisation, notamment ceux de la BRI. Ils montrent qu'un niveau élevé d'endettement du secteur privé nuit à une croissance économique durable. L'endettement des ménages et des entreprises accroît leur vulnérabilité à la hausse des taux d'intérêt, ce qui renforce le risque que les pays restent englués dans le piège de la dette. Le maintien de taux d'intérêt anormalement bas pour stimuler l'économie quand la croissance est atone et pour lutter contre les pressions déflationnistes crée les incitations à un surcroît d'endettement. Celui-ci, loin de résoudre le problème, ne fait que l'aggraver. Minsky aurait probablement soutenu les politiques cherchant à désintoxiquer nos économies du financement par la dette et à promouvoir un financement plus stable en capital. Ces politiques doivent s'appuyer sur des réformes fiscales visant à contrer le biais pro-dette de nos systèmes financiers, *via* notamment la suppression des déductions fiscales des intérêts d'emprunt. Ces subventions fiscales à l'endettement non seulement attisent le cycle financier et alimentent les bulles, mais contribuent également à accroître les inégalités. Supprimer progressivement les biais fiscaux favorables à l'endettement inciterait les banques à rééquilibrer leurs sources de financement au profit du capital et au détriment de la dette. Dans la période post-crise, des travaux ont mis en évidence l'impact de l'impôt sur les sociétés sur la structure de financement dans les banques et sur leur niveau de capitalisation[1]. En particulier, Sven Langedijk *et alii* montrent, dans une étude empirique portant sur un panel d'environ

1. M. Keen et R. de Mooij, « Debt, Taxes and Banks », *IMF working paper*, WP/12/48, 2012 ; T. Hemmelgarn et D. Teichman, « Tax reforms and capital structure of banks », *International Tax and Public Finance*, mai 2014 ; S. Langedijk *et al.*, « Debt bias in corporate taxation and the costs of banking crisis in the E.U. », 2014.

3 000 banques européennes sur la période 2001-2011, que la réduction du biais pro-dette de la taxation des banques peut significativement réduire le coût pour les finances publiques des crises financières. D'un point de vue collectif, l'intérêt d'une telle réorientation de la politique fiscale va de soi. Un passif bancaire rééquilibré au profit du capital signifie une plus grande robustesse des banques, moins de subventions implicites des États, mais également des rémunérations des actionnaires, des dirigeants et des traders moins extravagantes. La difficulté à imposer ce type d'inflexion de la politique fiscale tient en partie à son opposition évidente aux intérêts du monde de la finance.

Chapitre 4

Les canaux de la capture

Dix ans après la plus grave crise depuis celle des années 1930, la déréglementation financière est en marche aux États-Unis. L'administration américaine semble frappée d'amnésie. La légitimation de ce détricotage de la réglementation bancaire et financière mise en place par l'administration Obama illustre magistralement la capture de l'administration américaine par la finance. Le Trésor américain a publié le 12 juin 2017 le premier des quatre rapports visant à mettre en œuvre les sept principes clefs pour réglementer le système financier conformément au décret exécutif 13772 du président Trump[1]. L'objectif affiché par l'administration Trump est de promouvoir un système financier qui ait un meilleur rapport coût-efficacité et qui soit plus stable. Objectif louable et efficace du point de vue de la communication, mais il ne s'agit malheureusement que de cela. La stabilité financière est réduite au rang d'objet de marketing. Affligeant,

1. US Treasury (2017), « A financial system that creates economic opportunities : banks and credit unions », Report to President Donald J. Trump, Executive Order 13772 on core principles for regulating the United States Financial System, 12 June.

mais surtout terrifiant, car ce rapport introduit les *fake news* qui avaient déjà facilité l'élection du président Trump au rang de justification officielle d'une politique publique. En effet, ce premier rapport dont la finalité est de détricoter le Dodd Frank Act[1] part de deux présupposés contredits par les faits :

1° La réglementation financière post-crise (particulièrement la loi Dodd Frank) a entravé les prêts bancaires, ce qui a contribué à affaiblir la reprise économique ;

2° Le niveau de capital excessif demandé au secteur bancaire a diminué les flux de crédit commerciaux et aux ménages, et peut donc être un frein à la croissance.

Ces présupposés sont tout simplement faux. Concernant le premier, si le ratio des prêts bancaires au secteur non financier privé a effectivement décliné durant et après la profonde récession de 2007-2009, il croît de nouveau depuis 2013. En 2016, le ratio crédit/PIB a même dépassé la moyenne atteinte en 2005 – une année marquée par des dérives du crédit ayant contribué à la crise qui éclatera en 2007. Selon l'enquête de la National Federation of Independant Business de mai 2017[2], seulement 3 % des petites

1. Le Dodd Frank Wall Street Reform and Consumer Protection Act a été adopté en juillet 2010. Cette loi de réglementation du système financier et bancaire américain a pour objectif de tirer les leçons de la crise des subprimes. Elle cherche à promouvoir la stabilité du système financier en améliorant la transparence et la responsabilisation du secteur financier, en essayant de maîtriser le problème du « *too big to fail* », et donc de préserver les contribuables américains du coût des renflouements bancaires et de protéger les consommateurs des pratiques abusives en matière de services financiers.

2. W. Dunkelberg et H. Wade, « NFIB Small Business Trends », 2017, http://www.nfib.com/assets/SBET-May-2017.pdf.

entreprises s'estiment rationnées dans leurs besoins de financement. Seules 1 % d'entre elles identifient le problème de financement comme leur problème majeur, très loin derrière les problèmes d'imposition ou de qualité de la main-d'œuvre.

Concernant les prétendues trop fortes contraintes en capital des banques qui les conduiraient à rationner les crédits, un ensemble d'études empiriques appuient la thèse exactement inverse : les banques les mieux capitalisées sont celles qui prêtent le plus. Stephen G. Cecchetti et Kermit L. Schoenholtz[1] montrent que, plutôt que de peser sur la croissance, les exigences plus fortes en capital ont été associées à des spreads de taux plus étroits et à des coûts d'exploitation plus faibles pour les banques actives internationalement. L'étude de Leonardo Gambacorta et Hyun Song Shin[2] établit que la croissance des prêts est supérieure pour les banques ayant les ratios de capital les plus élevés. Leur coût de financement hors capitaux propres est par ailleurs moindre que celui des banques moins bien capitalisées. Comme l'écrit Shin, qui dirige la recherche à la Banque des règlements internationaux : « Le capital est le fondement du prêt, tout comme les fondations sont ce qui assure la solidité d'un building. Plus un building est haut, plus ses fondations doivent être profondes pour assurer sa stabilité ; plus une banque est

1. S.G. Cecchetti et K.L. Schoenholtz, « Higher capital requirements didn't slow the economy », 15 décembre 2014, http://www.moneyandbanking.com/commentary/2014/12/15/higher-capital-requirements-didnt-slow-the-economy.
2. L. Gambacorta et H.S. Shin, « Why bank capital matters for monetary policy ? », *BIS Working paper*, n° 558, avril 2016, http://www.bis.org/publ/work558.pdf.

grosse, plus son capital doit être important en proportion de son bilan[1]. » La bonne capitalisation des banques n'est donc pas un frein aux prêts bancaires, c'est même un gage pour elles de se financer moins cher. Plus la banque a de capitaux propres, moins elle est risquée ; elle peut donc emprunter dans de meilleures conditions, et ainsi renforcer sa capacité à prêter. C'est ce que montrent les études empiriques. Si l'on veut déverrouiller les prêts à l'économie réelle, il est donc fondamental que les banques soient bien capitalisées. Ce qui protège également les épargnants et les contribuables…

Ainsi, le rapport du Trésor américain qui légitime la déréglementation financière repose sur des présupposés qui ne sont que la reprise du plaidoyer de l'industrie financière. Quelle meilleure preuve de capture que cette réappropriation par la puissance publique des arguments du lobby bancaire, en dépit des évidences empiriques qui les infirment ? Cependant, le phénomène de capture est généralement plus insidieux et moins directement visible.

Qu'est-ce que la capture ?

Le concept de capture désigne les différents canaux par lesquels l'industrie – ici, les banques et plus généralement la finance – influence le régulateur et les décideurs publics dans un sens favorisant leur intérêt, sous-entendu au détriment de l'intérêt général. Jézabel

1. H.S. Shin, « Bank capital and monetary policy transmission », avril 2016, http://www.bis.org/speeches/sp160407.pdf.

Couppey-Soubeyran a dans son livre *Blablabanque* décrypté avec brio, pour le cas français, nombre des leviers que mobilise le lobby bancaire pour affaiblir les règlementations qui nuisent à son intérêt. Nous nous inscrivons dans la continuité mais en adoptant une approche plus englobante des canaux de la capture[1]. Elle peut être comprise selon deux acceptions : une interprétation étroite et une interprétation large du concept.

La capture au sens étroit

Elle désigne spécifiquement les processus par lesquels l'industrie régulée manipule les autorités en charge de sa réglementation et de sa supervision. Les travaux fondateurs de George Stigler (1971) initient cette approche et suggèrent que les régulateurs sont soumis aux pressions intenses et efficaces des firmes régulées pour infléchir les réglementations et leur mise en œuvre dans un sens conforme à leurs intérêts privés. La théorie de la capture s'est historiquement développée à propos de la réglementation des *utilities* – terme qui n'a pas d'équivalent en français et qui désigne les fournisseurs de services de base comme l'eau, le gaz, l'électricité ou le téléphone. Mais la banque et la finance présentent aussi des caractéristiques propices à la capture. En effet, l'un des canaux les plus directs de la capture tient aux opportunités de carrière que l'industrie régulée est susceptible d'offrir aux régulateurs et/ou hauts fonctionnaires susceptibles d'influencer la réglementation du secteur. Ce canal ne fonctionne que

1. J. Couppey-Soubeyran, *Blablabanque. Le discours de l'inaction*, Michalon, 2015.

si les salaires du secteur privé concerné sont substantiellement supérieurs à ceux de la sphère publique. Ce type d'argument explique pourquoi la finance est un secteur perméable à la capture. Il permet également de comprendre pourquoi les ONG qui font du contre-lobbying ont du mal à faire entendre leurs arguments auprès des régulateurs. Les salaires y étant modérés, les opportunités de carrière peu attractives, les ONG ne peuvent influencer le régulateur par ce canal.

D'autres facteurs font de la banque et de la finance un terrain privilégié de déploiement des phénomènes de capture. Jean-Jacques Laffont et Jean Tirole[1] dressent le tableau des caractéristiques qui favorisent l'efficacité de la capture. Celle-ci est d'autant plus susceptible d'être forte que le groupe d'intérêt est concentré et organisé, que la réglementation est techniquement complexe, que les asymétries d'information sont importantes et que leur vérification par des outsiders est difficile. Toutes ces caractéristiques s'appliquent au premier chef à l'industrie bancaire et financière… Cette prédisposition à la capture est aggravée par le fait que le secteur bancaire est dominé dans de nombreux pays par des groupes bancaires systémiques et organisé en associations professionnelles très puissantes et très présentes dans le débat public. *A contrario*, les autres groupes d'intérêt, qui pourtant paient les coûts de l'instabilité financière, ne parviennent pas à faire suffisamment entendre leur intérêt au régulateur. Les déposants, les épargnants, les PME qui n'ont que le

1. J.-J. Laffont et J. Tirole, « The politics of government decision-making : theory of regulatory capture », *Quarterly Journal of Economics*, 1991.

crédit bancaire comme source de financement externe, voire les contribuables qui *in fine* supportent les pertes du secteur bancaire, sont moins bien représentés et organisés. Le jeu d'influence est totalement déséquilibré à leur détriment.

La capture au sens large

La capture peut aussi être pensée dans une acception plus large qui inclut des processus plus diffus, plus insidieux et donc plus difficiles à mettre en évidence et à contrôler. Il s'agit de capture corrosive, intellectuelle, cognitive, voire idéologique. La « capture corrosive », pour reprendre l'expression de Daniel Carpenter et David Moss[1], intervient quand les acteurs régulés parviennent à altérer l'efficacité de la réglementation relativement à ce que le législateur souhaitait au nom de l'intérêt public. En conséquence, la réglementation est alors moins contraignante et moins coûteuse pour l'industrie que ce que supposerait la défense de l'intérêt public. Concrètement, la reconnaissance des modèles de contrôle interne des banques dans le calcul de leur ratio de capital réglementaire est une forme de capture corrosive. Elle ronge de l'intérieur l'efficacité de la réglementation. La capture intellectuelle et/ou idéologique concourt au développement d'une capture corrosive. Dans le domaine de la finance, cette capture intellectuelle a été portée par les écoles de pensée – évoquées au chapitre précédent – qui ont justifié et favorisé la

1. D. Carpenter et D. Moss (éd.), *Preventing Regulatory Capture : Special Interest Influence and how to limit it*, Cambridge University Press, 2014.

déréglementation financière au nom d'une représentation fantasmée de la finance dérégulée.

Les mécanismes d'identification sociale ont une influence notable sur la vision déformée des régulateurs sur ce que fait réellement l'industrie financière et sur son apport à la société. L'un des effets collatéraux positifs de la crise financière a été de stimuler les recherches sur ces nouveaux canaux de la capture[1]. Elles mettent l'accent sur les interactions sociales, la formation, l'expérience professionnelle antérieure, les réseaux familiaux, sociaux et professionnels dans la constitution et la structuration d'un paradigme pro-industrie chez les régulateurs.

Cette approche plus englobante des phénomènes de capture suggère l'existence de biais psychologiques affectant les régulateurs. Un parallèle intéressant peut être fait avec les mécanismes psychologiques qui expliquent dans le domaine du sport l'avantage qu'il y a à jouer à domicile. Cet avantage à jouer sur son terrain a été étudié[2]. Il semble s'expliquer par l'effet psychologique de la foule sur les juges et les arbitres. Gerard Caprio défend l'idée que les mêmes forces sont à l'œuvre dans le « jeu de la régulation du secteur financier[3] ». Elles se sont accentuées dans la période pré-crise, car les réunions et conférences téléphoniques,

1. J. Kwak, « Cultural capture and financial crisis », in D. Carpenter et D. Moss, *op. cit.* ; L. G. Baxter, « Capture in financial regulation : can we channel it toward the common good », *Cornell Journal of Law and Public Policy*, vol. 21, n° 1, automne 2011.
2. T. Moskowitz et J. Wertheim, *Scorecasting : The hidden influences behind how sports are played and games are won*, Three Rivers Press, 2011.
3. G. Caprio, « Regulatory capture : why it occurs, how to minimize it », *North Carolina Banking Institute*, vol. 18, 2013.

entre superviseurs et banques ont explosé, alors que les réunions sur des sujets de réglementation ouvertes au public se sont réduites comme une peau de chagrin. Ce déséquilibre dans les relations que les parties prenantes entretiennent avec le régulateur explique pourquoi des régulateurs en apparence honnêtes et bien intentionnés favorisent les intérêts de l'industrie au détriment de l'intérêt de la collectivité qu'ils sont censés défendre, tout en croyant sincèrement que leurs décisions ne sont pas biaisées. Pour continuer à filer la métaphore sportive, les régulateurs seraient capturés « à l'insu de leur plein gré[1] »... Dans le domaine du sport, l'arbitrage vidéo a permis de très fortement réduire ce pouvoir d'influence de la foule sur les arbitres. Des propositions s'en inspirant dans le domaine de la réglementation et de la supervision bancaire et financière peuvent être faites. Nous le verrons ultérieurement.

La réaction d'Alan Greenspan, ancien président du Conseil des gouverneurs de la Fed de 1987 à 2006, au moment du scandale du Libor, en dit long sur l'intensité de ce biais psychologique : « Au cours de mon expérience, je n'ai jamais envisagé qu'il y avait des banquiers qui pouvaient sciemment déformer les informations fournies aux autorités bancaires[2]. » Une telle naïveté, si elle n'est pas feinte, laisse songeur...

Appréhender ainsi les phénomènes de capture dans l'acception la plus large aide à expliquer la perméabilité des décideurs politiques et de la haute administration au discours porté par les grandes institutions financières

1. Expression utilisée par le cycliste Richard Virenque à propos d'une accusation de dopage lors du Tour de France de 1998 et qui fut largement médiatisée par les Guignols de l'info.
2. Rapporté dans l'article de G. Caprio cité plus haut.

et bancaires. Ils partagent un même cadre cognitif, ou plus simplement la même vision du monde. Ces formes insidieuses de capture sont un véritable poison. Il s'administre lentement et ronge la légitimité des autorités publiques dans leur fonction de contrôle de la finance et de protection de la société contre ses excès. Cette capture affaiblit les « défenses immunitaires » de la société contre les dérives dangereuses de la finance, et alimente la défiance des populations à l'égard de la finance.

Le chapitre consacré à l'influence de la théorie économique dominante sur les choix opérés en matière de réglementation bancaire et les effets pervers de ces choix sur la maîtrise des risques financiers globaux a déjà illustré le socle de la capture intellectuelle des décideurs publics. Mais seule la reconnaissance d'une capture au sens large, protéiforme, permet d'imaginer des solutions efficaces desserrant l'étau de la finance sur la société.

Nous nous attachons dans ce chapitre à mettre en lumière ces autres canaux plus sociologiques de la capture de la société par la finance dont les effets démultiplient ceux de la capture intellectuelle.

La capture n'est évidemment pas spécifique à la finance, mais les conséquences peuvent y être plus graves que dans des secteurs non financiers[1]. Si les intermédiaires financiers et les marchés d'un pays mal régulé irriguent la finance mondiale, des « effets de déversement » sur les autres pays peuvent se produire en cas d'accident financier majeur. La crise des subprimes, née sur un petit segment du marché hypothécaire à

1. La capture des régulateurs dans des secteurs non financiers comme le nucléaire, la santé ou l'industrie chimique peut néanmoins également avoir des conséquences systémiques majeures en termes de santé publique et/ou de risque d'accident à incidence systémique.

risque américain, qui est devenue une crise financière et bancaire systémique mondiale, illustre magistralement ces effets de déversement. De ce point de vue, le parallèle avec l'industrie nucléaire est justifié : le nuage de Tchernobyl ne s'est pas arrêté à la frontière…

Quand le nouveau management public crée les conditions d'une capture par identification sociale : les portes tournantes

La sphère financière n'est évidemment pas le seul champ économique à avoir subi les coups de boutoir d'un néolibéralisme légitimé par des théories économiques. Cette doxa économique s'est « ossifiée » dans des transformations institutionnelles qui entravent tout retour en arrière. La sphère étatique dans son ensemble a été en première ligne de ce grand bouleversement de la conception de l'action publique qu'on appelle « nouveau management public ». Celui-ci loue la supériorité des modes de gestion privée dans des sphères jusque-là protégées d'une transposition trop directe de pratiques issues du secteur privé : hôpitaux, fiscalité, grands travaux (partenariats public-privé). Ce remodelage d'un État néolibéral a sous-tendu la multiplication des agences indépendantes en lieu et place des directions administratives. Il a légitimé et favorisé le recours systématique à des conseils privés sur les affaires publiques – y compris en matière de réglementation. Ainsi, les anciennes puissantes directions administratives du ministère de l'Économie et des Finances ont cédé une large part de leurs pouvoirs à des autorités sectorielles et/ou spécialisées comme la Commission de la régulation de l'énergie (CRE), l'Autorité de régulation des communications électroniques et des postes (ARCEP), l'Autorité de la concurrence. Ce fut le cas dans le domaine de la finance avec l'Autorité des marchés financiers (AMF) ou l'Autorité de contrôle prudentiel et de résolution (ACPR). Ces agences d'encadrement des marchés et des acteurs de la finance se sont vu déléguer d'importants pouvoirs d'ordre public de régulation et de supervision, d'agrément, d'enquêtes et de sanctions. L'interventionnisme et l'activisme étatique prennent désormais la forme du « façonneur » des marchés privés *via* les autorisations (de mise sur le marché pour les produits et de licence pour les acteurs), les sanctions (abus de position dominante, atteinte à l'intégrité des marchés, pratiques irrespectueuses des conditions d'activité associées à l'agrément…) et les règles prudentielles pour contrer les défaillances de marché et autres externalités négatives.

Brouillage privé-public, consanguinité : un nouvel espace d'influence

Les milieux d'affaires en général et les milieux financiers en particulier n'ont pas été longs à saisir l'intérêt qu'ils avaient à investir l'espace d'influence créé par cette nouvelle conception du rôle de l'État.

La frontière public-privé s'est progressivement estompée, créant une zone dans laquelle les « élites » politico-administratives et du monde des affaires pratiquent allégrement la consanguinité. Les carrières des uns et des autres souvent s'inscrivent synchroniquement et/ou diachroniquement dans chacun des espaces public et privé. Le monde de la banque et de la finance a rapidement compris que sa profitabilité dépendait de sa capacité à peser sur le cadre réglementaire de son activité, façonné par une puissance publique à l'écoute de ses intérêts. Les jeux d'influence s'expriment dans cet espace de circulation des responsables de la haute administration et des décideurs privés. Tous maîtrisent les arcanes de la réglementation publique nationale et internationale, et pèsent sur toute la chaîne de décision, allant de la conception à la mise en application des règles. L'influence sur les réglementations se fait très en amont de leur adoption, *via* différents canaux : les réponses convergentes à des consultations de la Commission ou d'agences de régulation, le lobbying auprès des parlementaires, le « noyautage » de comités d'experts techniques, la rédaction d'amendements et de projets de loi « clefs en main », etc. Antoine Vauchez, dans un ouvrage remarquable[1], décortique le rôle pivot des avocats d'affaires dans ce grand brouillage privé-public. Il démontre à quel point la proximité des cabinets d'affaires avec les autorités régulatrices (politiques, administratives ou judiciaires) est devenue un terrain majeur de la concurrence. Le débauchage d'anciens régulateurs (haut fonctionnaire et/ou homme politique) est devenu une pièce centrale de leur stratégie de construction d'une réputation dans l'expertise publique sur les projets législatifs ou réglementaires. Ce qui est alors « acheté » par ces cabinets quand ils embauchent un haut fonctionnaire ou un homme politique, c'est une expérience des rouages de la haute administration, de

1. A. Vauchez, *Sphère publique, intérêts privés. Enquête sur un grand brouillage*, Presses de Sciences Po, 2017.

l'écriture de la loi et de la production de règles administratives. Ce qui est « vendu » aux clients de ces cabinets, c'est l'entregent, le carnet d'adresses de ces transfuges issus de la haute sphère administrative et politique, leur capacité à court-circuiter les strates hiérarchiques et à établir un contact direct avec les décideurs publics.

Comme nous l'illustrons à partir de quelques cas emblématiques, ce brouillage des frontières dans le domaine de la banque et de la finance est loin de se cantonner à la figure de l'avocat d'affaires.

Le cas de François Villeroy de Galhau est caractéristique. Après une brillante carrière dans la haute fonction publique (direction du Trésor, directeur de cabinet du ministre de l'Économie notamment), il entre dans la banque BNP Paribas en 2003. Il reviendra dans le secteur public en 2015 comme gouverneur de la Banque de France. À ce titre, il préside le collège de supervision de l'Autorité de contrôle prudentiel et de résolution (ACPR), alors même que son ancien employeur représente près du quart du secteur bancaire français… Rappelons que l'ACPR a une influence certaine dans le mécanisme de supervision unique dans le cadre de l'Union bancaire et participe activement aux travaux du Comité de Bâle sur la régulation prudentielle. Il est arrivé dans le passé qu'un gouverneur de la Banque de France fasse ensuite carrière dans la banque[1] ; mais, depuis la Libération, jamais un banquier n'avait été nommé gouverneur de la Banque de France.

1. Ce fut notamment le cas de Jacques de La Rosière, qui fut conseiller de Michel Pébereau après avoir été directeur général du FMI, puis gouverneur de la Banque de France.

Le cas de Benoît de La Chapelle Bizot, actuel directeur général délégué de la Fédération bancaire française (FBF), est également instructif. Il a commencé sa carrière dans les années 1990 à la Commission bancaire, puis est passé à la direction générale du Trésor, toujours sur des questions bancaires. Il a été conseiller du président de l'AMF et, à partir de 2010, ministre-conseiller pour les affaires financières et monétaires de la représentation permanente de la France auprès de l'Union européenne. À ce titre, il a représenté la France sur des dossiers de réglementation financière et bancaire. Depuis 2014, il est directeur général délégué de la Fédération bancaire française… J'ai été auditionnée avec lui devant la Commission des finances du Sénat en mars 2016 : il a défendu « bec et ongles » les positions des grandes banques systémiques françaises. Nous aurions été auditionnés deux ans plus tôt, il aurait représenté l'État français… Ce passage rapide d'un poste d'influence sur les questions de réglementations bancaires et financières à un poste de direction dans l'institution qui représente le lobby bancaire suscite nécessairement des interrogations quant à ce revirement soudain d'intérêt principal à défendre. À moins, évidemment, de considérer que les intérêts de l'État coïncident avec ceux de l'industrie financière. Que dire de ce sentiment de malaise que cela inspire ?

Le cas de Xavier Muscat est également intéressant. Après un début de carrière comme inspecteur des finances et diverses fonctions à la direction générale du Trésor en lien avec la finance, il devient de 2002 à 2004 directeur de cabinet du ministre de l'Économie et des Finances. Il sera assez brièvement secrétaire général de la présidence de la République, de février 2011 à sa nomination comme directeur général délégué du Crédit Agricole en juin 2012. J'ai également été auditionnée en janvier 2013 avec lui devant la Commission des finances du Sénat. Sept mois plus tôt, il aurait représenté l'État…

Le cas de François Pérol mérite évidemment notre attention. Énarque, le président du groupe BPCE de 2009 à avril 2018 – date à laquelle il rejoint la banque Rothschild – a, dans la première partie de sa carrière, été un haut fonctionnaire, à l'Inspection des finances. À la direction générale du Trésor, il fut en charge de différentes fonctions liées à la finance, puis directeur adjoint de cabinet de deux ministres de l'Économie et des Finances successifs (Francis Mer et Nicolas Sarkozy). Il passe ensuite deux ans comme associé gérant de la banque Rothschild & Cie, et conseille alors le PDG des Banques populaires dans la création de Natixis. En mai 2007, il devient secrétaire général adjoint de la présidence de la République de Nicolas Sarkozy et conseille l'Élysée sur la fusion entre les Caisses d'épargne et les Banques populaires. Il prendra la présidence du directoire du nouveau groupe bancaire BPCE ainsi que la vice-présidence, dans la foulée, de la Fédération bancaire française, puis sa présidence l'année suivante… François Pérol a été mis en examen en février 2014 pour prise illégale d'intérêts, puis relaxé en première instance en septembre 2015.

Marie-Anne Barbat-Layani, l'actuelle présidente générale de la Fédération bancaire française (FBF) et membre du bureau exécutif du MEDEF, est également une énarque qui a fait la première partie de sa carrière à la direction générale du Trésor. De 2007 à 2010, elle devient directrice générale adjointe de la fédération nationale du Crédit Agricole, puis, de 2010 à 2012, directrice adjointe du cabinet du Premier ministre. Elle redevient pour un an inspectrice générale des finances, puis, depuis le 1er janvier 2014, présidente générale de la FBF.

Précisons qu'il ne s'agit en aucun cas de supposer un manque de probité des personnes dont nous venons de résumer l'itinéraire professionnel. Le nouveau management public valorise ce type de carrière. C'est justement la porosité entre les dirigeants de la finance et la haute administration, voire les politiques, favorisée par cette nouvelle conception de l'action de l'État, indépendamment des cas individuels, que nous interrogeons.

Nous pourrions multiplier les exemples à l'envi, mais la crainte d'ennuyer le lecteur refrène notre ardeur.

Cette pratique des portes tournantes – *revolving doors* ou alternance – entre les positions de haute responsabilité dans la banque et dans la haute administration et/ou les cabinets ministériels est donc particulièrement ancrée en France.

Bruxelles n'est pas en reste en matière de portes tournantes entre la banque et la haute administration. Voici quelques cas marquants. Le plus emblématique est évidemment celui de l'ancien président de la Commission européenne, José Manuel Barroso (2004-2014). Son recrutement par Goldman Sachs – annoncé le 8 juillet 2016 – au poste de conseiller et président non exécutif de Goldman Sachs International, le groupe qui gère les opérations britanniques et européennes de la banque, a suscité une vague d'indignation. Son embauche, qui intervient au moment où la banque se prépare au Brexit et où des négociations se nouent avec l'Union européenne, notamment sur le sujet du « passeport européen » si crucial pour les établissements financiers, ne laisse guère de doute sur ses motivations. Goldman Sachs « achète » un *insider*, son carnet d'adresses, sa connaissance fine des rouages européens si complexes et de tous les leviers à activer dans la négociation. Estimant que cette affaire déshonorait la fonction publique européenne, qualifiant l'attitude de José Manuel Barroso d'« irresponsable » et de « moralement malhonnête », un collectif de fonctionnaires européens a pris l'initiative d'une pétition en faveur d'un code éthique plus strict en matière de pantouflage en Europe. Celle-ci a réuni plus de 152 000 soutiens. Cette pétition demandait notamment : la suspension des indemnités de retraite versées à l'ex-président de la Commission et la suspension de tous ses titres honorifiques. En février 2017, le collectif déposa une plainte auprès du médiateur européen contre la Commission, lui reprochant sa passivité devant cette embauche controversée par l'une des banques les plus impliquées dans la crise des subprimes.

Le cas de Jonathan Hill est également emblématique. Il fut, jusqu'au vote du Brexit, commissaire à la stabilité financière, aux services financiers et à l'union des marchés des capitaux[1] de la Commission Juncker,

1. En remplacement de Michel Barnier, qui fut un commissaire européen ayant à cœur de tenter de créer de la distance entre ses services et la pression des lobbies bancaires. La pression du lobbying financier a été telle qu'à la fin de son mandat, quand la question de la réforme de la structure des banques était traitée par ses services, le commissaire européen Michel Barnier a estimé nécessaire de demander formellement

alors même qu'il était préalablement un lobbyiste très proche des milieux financiers de la City.

Les Commissions Barroso 1 (2004-2010) et Barroso 2 (2010-2014) n'ont pas hésité, elles non plus, à faire tourner les portes… Le Corporate Europe Observatory (CEO) a publié en janvier 2016 une étude sur le devenir des commissaires européens des Commissions Barroso[1]. Rappelons que les vingt-huit commissaires européens (un par pays) sont probablement les fonctionnaires les plus importants. Ils sont responsables de la négociation des propositions législatives et réglementaires qui touchent 500 millions de citoyens européens.

On apprend dans ce rapport du CEO que d'anciens commissaires qui avaient eu à gérer les répercussions de la crise économique et financière ont rejoint des firmes financières.

Parmi les nombreux cas décortiqués, le plus interpellant est celui de Neelie Kroes. La commissaire chargée de l'agenda numérique de 2010 à 2014, et de la concurrence de 2004 à 2010, est devenue conseillère spéciale auprès de la Bank of America Merrill Lynch et membre du conseil d'administration de l'Open Data Institute. Selon les données de Lobbyfacts citées par le CEO, la Bank of America Merrill Lynch a dépensé plus de 1,25 million d'euros en 2014 en activités de lobbying, contre 50 000 euros en 2013. Il est précisé dans le rapport que, lorsque Neelie Kroes a rejoint la Commission en 2004, d'éventuels conflits d'intérêts avaient été évoqués à l'époque, du fait des vingt-cinq positions

---

à tous les employés de la DG « marché intérieur et services » de ne plus rencontrer les lobbyistes de la banque et de la finance…

1. http://corporateeurope.org/fr/revolving-doors/2016/01/les-portes-tournantes-tournent-encore.

qu'elle occupait dans des entreprises au moment de sa nomination. Lors de son audition devant le Parlement européen, elle s'était engagée « à ne pas retourner dans le secteur privé après la cessation de son mandat de commissaire à la concurrence »… Pour alourdir encore un peu la barque, il fut révélé en 2016 – concomitamment au recrutement de José Manuel Barroso par Goldman Sachs – qu'elle dirigeait une société offshore domiciliée aux Bahamas durant son mandat sous la seconde Commission Barroso.

Cette porosité touche également les parlementaires européens. Ainsi, l'embauche en septembre 2014 par le London Stock Exchange (la Bourse de Londres) en tant que directrice non exécutive de l'ancienne eurodéputée Sharon Bowles incite rétrospectivement à s'interroger sur son impartialité au cours de son mandat. Elle présidait en effet jusqu'en mai de la même année la Commission parlementaire des affaires économiques et financières. À ce titre, elle a été amenée à s'occuper de lois cruciales pour les marchés financiers, comme le règlement EMIR sur les produits dérivés ou la directive MIFID sur la réglementation des marchés financiers. Ses nombreux rendez-vous avec des représentants du London Stock Exchange au cours de son mandat d'eurodéputée sont, de ce fait, entachés de suspicion.

Cette pratique des portes tournantes est donc bien une pratique généralisée, mais très problématique, car elle constitue un canal puissant de capture des pouvoirs publics et des régulateurs par l'industrie financière, qui nourrit la défiance des citoyens à l'égard de leurs institutions. Cette forme de capture est un phénomène insidieux qui passe par des vecteurs d'identification sociale.

Le poison de la suspicion d'atteinte à l'impartialité et à la loyauté vis-à-vis de l'intérêt général

Les effets délétères des portes tournantes

Quand un haut fonctionnaire ou un élu a comme perspective de faire carrière dans le privé après quelques années de service public, cela peut altérer son degré de lucidité et sa pugnacité dans sa mission de contrôle et dans ses missions de régulation. Ainsi, le rapport de la Securities Exchange Commission (SEC) après l'affaire Madoff est particulièrement instructif. La SEC, avec beaucoup de transparence, raconte l'échec de ses inspections et audits au sein de la société de Bernard Madoff en expliquant que ses contrôleurs et auditeurs étaient souvent très jeunes et juristes de formation, ce qui ne constitue pas nécessairement un gage de performance en matière de finance. Ils avaient une tendance naturelle à déposer leur CV sur le bureau de Bernard Madoff après chacun des audits et des inspections… Cet exemple est certes caricatural, mais il illustre néanmoins une clef de compréhension des mécanismes de capture.

Quand un haut fonctionnaire ayant « pantouflé » repasse du privé au public et prend ou reprend des responsabilités en lien avec des politiques publiques susceptibles d'affecter le secteur privé dans lequel il a travaillé, éradiquer le soupçon de conflits d'intérêts est très compliqué. La ligne de défense consiste en général à se retrancher derrière la compétence technique, l'intégrité morale et la cessation de tous les liens financiers avec l'industrie. Ce type de défense traduit une très profonde méconnaissance des mécanismes d'identification par lesquels passe la capture. Celle-ci est en effet souvent cognitive et culturelle, ce qui est bien plus pernicieux que les liens d'argent. Après de nombreuses années à travailler dans le secteur bancaire, la connivence prend la forme d'une adhésion à la culture et aux valeurs du secteur régulé *via* des liens affectifs et sociaux. Ce risque d'identification sociale, bien connu en psychologie sociale, a été étayé empiriquement dans deux études récentes.

La première recherche a été menée par Dennis Veltrop et Jakob de Haan, des chercheurs de la banque centrale des Pays-Bas[1]. Le secteur de la finance se caractérisant par des normes sociales fortes, ils s'appuient sur la théorie de l'identité sociale. Ils mettent en évidence des canaux plus subtils de capture que ceux associés à la théorie de la capture au sens étroit, à savoir les contributions financières à des campagnes électorales, le lobbying et des opportunités de carrière. Ils pointent l'impact de l'internalisation par les superviseurs et régulateurs des objectifs, normes et valeurs du secteur financier à travers des processus d'identification sociale. Leurs résultats démontrent que les superviseurs ayant eu antérieurement des fonctions et/ou un mandat dans le secteur financier sont prédisposés à une plus grande identification sociale avec celui-ci. Elle affecte négativement leurs performances

1. D. Veltrop et J. de Haan, « I just cannot get you out of my head : regulatory capture of the financial sector supervisors », *DNB Working Paper*, n° 410, janvier 2014.

en tant que superviseurs. De ce point de vue, cette étude est l'une des premières qui dévoile empiriquement les effets pernicieux des *revolving doors.*

Une seconde étude, menée par Prachi Mishra et Ariell Reshef[1], produit des résultats convergents. Elle met en exergue la capture cognitive qui affecte les banquiers centraux. Mishra et Reshef analysent les CV des gouverneurs de banque centrale au niveau mondial entre 1970 et 2011, et les mettent en relation avec des données concernant la régulation financière. Plusieurs résultats intéressants méritent d'être soulignés. La proportion des gouverneurs ayant une expérience professionnelle dans la finance s'accroît, passant de 10 % en 1980 à 30 % en 2010. Cette évolution est en ligne avec la diffusion des principes du nouveau management public. Si cette expérience est suffisamment longue (au-delà de cinq à six ans), elle a un impact fort. Le banquier devenu banquier central dérégule trois fois plus que le banquier central sans expérience dans la finance... Au contraire, une expérience professionnelle à la Banque des règlements internationaux ou aux Nations unies ralentit la déréglementation.

L'impossible renouvellement des élites : un enjeu démocratique

Les portes tournantes, souvent justifiées par des arguments en termes de compétences techniques et de connaissance fine du secteur, ne posent pas

1. P. Mishra et A. Reshef, « How do central bank governors matter ? Regulation and the financial sector », Paris School of Economics, 10 mars 2017.

uniquement un problème de capture. En verrouillant l'accès aux positions décisionnelles dans la société, elles entravent également le renouvellement des « élites ». Elles entretiennent l'entre-soi en restreignant l'exogamie sociale et la diversité des trajectoires professionnelles au sein des sphères dirigeantes. Toutes choses très dommageables pour nos démocraties.

Serait-il réellement impossible, pour certaines nominations ou désignations, de trouver des candidats à la fois compétents et exempts de liens ou de conflit d'intérêts ? Cela permettrait d'atténuer fortement l'un des canaux les plus efficaces de la capture tout en provoquant un appel d'air propice à une véritable respiration démocratique. Aux États-Unis, Ben Bernanke et Janet Yellen étaient tous deux des universitaires reconnus, et non des dirigeants bancaires, avant d'accéder au poste de président de la Réserve fédérale américaine.

Le cas de Ben Bernanke est extrêmement intéressant. Avant de devenir gouverneur de la Fed en 2002, il était professeur des universités. Il reçut le prix Nobel d'économie en 2010 en tant que spécialiste de macroéconomie financière ayant particulièrement travaillé sur la crise des années 1930. À peine devenu membre du Conseil des gouverneurs de la Fed en 2002, il prononça en novembre un discours sur les risques de déflation resté célèbre. Il y déclarait que les banques centrales disposaient de quantité d'outils pour stimuler la croissance, même après avoir réduit les taux d'intérêt à zéro. Il évoqua dès le début des années 2000 la possibilité de recourir à des armes monétaires non conventionnelles pour lutter contre la déflation. Quelques années plus tard, alors qu'il était président de la Fed (nommé en février 2006), la crise bancaire lui donna l'opportunité de passer de la théorie à la pratique. Sa connaissance des mécanismes économiques et financiers ayant prévalu lors de la grande dépression des années 1930 lui fut certainement plus utile que ne l'aurait été une expérience de banquier acquise dans les années d'euphorie financière du début de XXIe siècle... Son action en tant que banquier central fut guidée par la volonté de ne pas répéter les erreurs commises lors de la crise des années 1930 et lors de la déflation japonaise des années 1990. Encore fallait-il connaître ces erreurs pour ne pas les réitérer !

En matière de contrôle bancaire, on peut se demander si la connaissance fine du secteur est véritablement un prérequis indispensable. Ne constitue-t-elle pas au contraire une entrave à une remise à plat efficace des structures organisationnelles et des pratiques dans un secteur où les phénomènes de capture sont puissants ? L'exemple de l'Islande est, de ce point de vue, troublant. Les autorités de supervision avaient massivement failli en laissant se développer des fragilités financières et une bulle ayant entraîné l'effondrement du système bancaire et financier islandais. Or, c'est la nomination d'un *chairman* non issu du sérail, Adalsteinn Leifsson[1], à la tête de l'Autorité de supervision financière islandaise (FME), qui a conduit à une restructuration efficace de la supervision bancaire et financière[2]. Pour ce faire, il a traité le superviseur islandais comme une organisation ayant dysfonctionné. Il a appliqué des

1. Il était maître de conférences à l'université de Reykjavik, spécialiste des négociations internationales et consultant en management.
2. Il a présenté sa manière d'opérer le 18 novembre 2015 lors de l'AG de Finance Watch.

règles et défini des objectifs simples. Le message à destination du secteur financier, de la société islandaise et de l'autorité de supervision en interne a été sans ambiguïté : le FME a pour mission de protéger la population, et pas seulement les actionnaires des banques et les banquiers. Il se donna donc comme programme de défier la mentalité de cupidité et d'irresponsabilité dans la finance, d'instaurer une nouvelle culture interne de transparence, de confiance et d'honnêteté, de fixer des objectifs clairs, de promouvoir systématiquement des règles simples, quitte à interdire certaines pratiques, et d'affirmer l'autorité du FME et de ses évaluations.

La difficile émergence d'un contre-lobbying

Le think tank européen Corporate Europe Observatory a publié en avril 2014 un rapport, *The Fire Power of the Financial Lobby*, essayant de quantifier le poids des lobbies financiers à Bruxelles. Sa lecture est édifiante et interroge sur le contrôle démocratique de la finance. Les auteurs du rapport précisent dans leur étude la méthodologie utilisée et les obstacles à la collecte exhaustive de l'information auxquels ils ont été confrontés. L'inscription sur le registre de transparence des organismes agissant comme lobbyistes n'étant pas obligatoire mais volontaire, leur recensement est compliqué et nécessairement incomplet. Pourtant, les forces en présence sont déjà impressionnantes : la finance emploie 1 700 lobbyistes et dépense plus de 120 millions d'euros par an pour peser sur le processus d'élaboration des législations financières… Les chiffres présentés dans le rapport sont, d'après les auteurs, les plus « conservateurs » et sous-estiment donc la « puissance de feu » réelle du lobby financier. Cette influence se retrouve à toutes les étapes du processus législatif (Commission, Parlement européen), mais affecte aussi les organes consultatifs officiels et autres groupes d'experts (Derivative Expert Group ou European Securities Market Group, etc.), dans lesquels leur présence est tout à fait dominante, voire exclusive.

En octobre 2017, le CEO a publié un nouveau rapport qui met cette fois l'accent sur la composition des comités consultatifs de la Banque centrale européenne[1]. La BCE a considérablement élargi ses responsabilités depuis la crise en matière de politique économique, de gestion de la crise financière et souveraine, et de réglementation financière. Le sujet est donc particulièrement sensible. Le rapport pointe l'existence de 22 comités consultatifs, ce qui représente 517 sièges, dont, à la date du rapport, 508 étaient occupés par des représentants du secteur financier privé (banques, gestionnaires d'actifs, chambres de compensation, consultants en finance, etc.). Ce ne sont donc pas les intérêts de la société au sens large qui sont représentés dans ces organes d'influence, mais bien les intérêts de l'industrie. Au sein même de ces comités, les banques systémiques européennes sont surreprésentées avec 208 sièges sur les 508 monopolisés par l'industrie de la finance. Il est donc clair que la BCE se désintéresse, dans la constitution des comités, de la diversité des intérêts. Le recrutement de ces comités ne se fait que

1. Open Doors for Forces of Finance at the ECB, https://corporateeurope.org/sites/default/files/attachments/open_door_for_forces_of_finance_report.pdf.

très rarement sur la base d'appels à candidature ouverts à des experts académiques indépendants. Plus grave, le rapport montre que, sur des questions très sensibles politiquement et/ou éthiquement comme la taxe sur les transactions financières ou le scandale du Libor, certains de ces comités se sont transformés en véritable plate-forme de lobbying.

Face à cette puissance de feu considérable des lobbies financiers, les intérêts de la société au sens large ont du mal à se faire entendre. À titre de comparaison, Finance Watch, une ONG bruxelloise spécialisée dans le contre-lobbying technique, ne pèse pas grand-chose : ses ressources, en 2017, étaient de 1,79 million d'euros… En matière environnementale, des ONG comme WWF ou le Bureau européen de l'environnement (qui réunit 140 organisations européennes) jouent ce rôle de contre-lobbying et, lors des négociations sur des directives européennes, rencontrent les parlementaires, répondent aux consultations de la Commission et déconstruisent les arguments des lobbies industriels (chimie, pétrole, etc.). En matière de réglementations financières, aucun contre-pouvoir de ce type n'existait en Europe avant la création de Finance Watch[1]. Le déséquilibre était tel que, à l'initiative d'une vingtaine de députés européens de cinq groupes politiques en juin 2010, un appel a été lancé, interpellant la société civile afin qu'elle s'organise pour peser sur les réglementations financières. Si la société

1. Soulignons néanmoins que la Fédération européenne des utilisateurs de services financiers Better Finance a été créée en 2009. Ses objectifs sont davantage ciblés sur la défense des investisseurs et des épargnants.

civile interpelle fréquemment les politiques, l'inverse est plutôt rare... C'est Michel Barnier, commissaire européen en charge des services financiers, qui fera voter pour 2012 une ligne d'un million d'euros pour financer cette contre-expertise. Sans cet amorçage, Finance Watch n'aurait jamais vu le jour[1], le reste du financement venant de fondations d'intérêt général. Une caractéristique essentielle de Finance Watch est que ses salariés sont tous d'anciens professionnels de haut niveau de l'industrie financière et bancaire. Pour autant, l'équipe de permanents n'est que de quatorze personnes, auxquelles s'ajoutent quatre consultants (rapport d'activité 2017) : elle se trouve donc dans l'impossibilité d'être présente sur tous les dossiers pour lesquels un contre-lobbying technique est requis. De plus, la nécessité de mener en permanence une recherche active de financement ponctionne les forces vives de Finance Watch, déjà très sous-dimensionnées par rapport à celles du lobby bancaire et financier.

Cette quantification de la capture des régulateurs qui frappe déjà les esprits n'est malheureusement que la face émergée de l'iceberg. Si l'action des lobbies est aussi efficace, c'est que, au-delà des ressources humaines et financières considérables que ceux-ci engagent, ils trouvent bien souvent un terrain idéologique qui légitime leur position et entrave l'élan réformateur des politiques.

---

1. Pour une brève histoire de Finance Watch : http://www.finance-watch.org/about-us/why-finance-watch.

Chapitre 5

Réduire la capture en décomplexifiant la finance

Le monde de la banque et de la finance est devenu excessivement complexe, et cela constitue une entrave majeure à sa régulation. Cette complexité touche tant la structure des groupes bancaires systémiques transnationaux que les produits financiers et les pratiques des acteurs de la finance, notamment de gestion des risques.

La régulation financière, plutôt que de contrecarrer cette complexité, cherche à s'y adapter. C'est une erreur, car la complexité est un vecteur de capture et un facteur qui nuit à l'efficacité de la réglementation.

Nous montrerons dans ce chapitre que la séparation des activités des banques systémiques permettrait une simplification de la structure des groupes, et donc une meilleure maîtrise des risques portés par ces acteurs souffrant de gigantisme. Nous soulignerons également que la tentation du régulateur de promouvoir une réglementation toujours plus complexe, collant au plus près des pratiques de l'industrie, est une mauvaise option. Elle crée les conditions propices à l'arbitrage réglementaire.

Les banques systémiques ne sont pas des banques comme les autres

Nous avons montré dans le chapitre dédié aux banques systémiques que celles-ci bénéficient de subventions implicites, génératrices d'aléa moral, favorisant une course à la taille nocive du point de vue de la collectivité. Ces géants bancaires créent des distorsions de concurrence vis-à-vis des banques plus petites, souffrent d'une structure de financement qui les rend plus fragiles aux crises de liquidité et ont moins de capital relativement à leur taille de bilan que les banques non systémiques. Nous avons par ailleurs expliqué qu'elles sont des nœuds de conflits d'intérêts, ce qui crée des incitations perverses à la fraude et au défaut de loyauté vis-à-vis de la clientèle et de la collectivité. Le fait que ces conflits d'intérêts se logent principalement du côté de la banque de marché n'empêche pas qu'ils soient « couverts », et donc favorisés, par la garantie publique quand la banque est systémique.

Ces banques systémiques sont trop grosses, trop complexes et trop interconnectées pour être correctement gérées et supervisées. Les autorités publiques restent désarmées quand ces géants vacillent. Elles n'ont pas d'autre option crédible que de les renflouer.

Une discontinuité forte dans les modèles d'activité

Les banques systémiques ne sont pas juste des banques plus grosses que les autres. Elles ont un modèle d'activité radicalement différent. Finance Watch a produit en 2015 une étude empirique sur le *business model* des banques européennes en fonction de leur taille[1], en utilisant les informations de la BCE sur les bilans bancaires consolidés. Ce travail pointe les différences fondamentales entre les banques systémiques et les banques universelles de taille moyenne. En 2013, 19 banques étaient classées dans le groupe des grandes banques systémiques, avec une moyenne pour le total des actifs de 886 milliards d'euros. Les 413 banques moyennes avaient une taille moyenne de bilan de 13 milliards d'euros et les plus de 2 500 petites banques avaient une taille moyenne de 57,6 millions d'euros. Les 19 banques systémiques représentaient 76 % du total des actifs bancaires, mais 93 % des actifs de trading. Seule la moitié de leur bilan était dédiée aux prêts, contre les deux tiers pour les banques universelles de taille moyenne.

Le Conseil de stabilité financière développe une méthodologie pour caractériser les « institutions financières globales systémiquement importantes » qui tient compte de leur taille, de leur complexité, du caractère global de l'activité, des interconnexions et de la substituabilité des services fournis. L'Autorité

1. D. Lindo et P. Przewoska, « Separating universal banks from too big to fail banks », Finance Watch Policy Brief, mars 2015.

bancaire européenne recourt à une méthodologie apparentée. Ces travaux corroborent ceux de Finance Watch. L'idée qu'il existerait une sorte de continuum allant de banques de très grande taille à de petites banques est tout simplement fausse. Il y a une véritable rupture entre les banques systémiques et les autres. Cette discontinuité a également été illustrée dans le rapport Liikanen, commandé par la Commission européenne et qui, sur la base de ce diagnostic, proposait un cloisonnement des activités de trading des banques systémiques. Le cloisonnement est une sorte de séparation « douce », dans la mesure où les groupes bancaires ne sont pas démantelés et où la banque universelle est donc préservée. Il s'agit de regrouper dans une filiale séparée, financée de manière autonome et soumise à des règles particulières, un ensemble d'activités spécifiques.

Un soutien au développement du *shadow banking*

Par ailleurs, ces banques obèses ne sont pas simplement un problème du fait de leur propre systémicité qui met en risque le système financier global, elles alimentent aussi le développement du *shadow banking*. Pour reprendre la définition proposée par la Banque de France : « Le *shadow banking*, littéralement "banque de l'ombre", ou système bancaire "parallèle", désigne des entités ou des activités qui participent au financement de l'économie, mais agissent en dehors du système bancaire traditionnel[1]. » Cette finance de

1. https://abc-economie. banque-france.fr/mot-de-lactu/shadow-banking.

l'ombre inquiète, car elle porte les mêmes risques que les banques, tout en étant beaucoup moins contrôlée.

Selon le Conseil de stabilité financière[1], la « finance parallèle » pèse 92 000 milliards de dollars dans le monde à la fin 2015, soit 150 % du PIB mondial. Elle dépasse donc le niveau atteint avant la crise (140 %). L'Europe est la zone où le *shadow banking* est le plus développé, avec une estimation à 30 000 milliards de dollars, contre 26 000 milliards pour les États-Unis, suivis du Royaume-Uni et de la Chine, à égalité à 8 000 milliards. Cette finance de l'ombre nourrit les interconnexions dans le système financier et est de plus en plus considérée comme une source majeure de risque systémique[2]. Or, les banques systémiques entretiennent avec le *shadow banking* des relations incestueuses qui favorisent son développement. L'approche de Stÿn Claessens et Lev Ratnovski est intéressante de ce point de vue[3]. Ils définissent le système bancaire de l'ombre comme « toute activité financière, excepté la banque traditionnelle, qui exige pour fonctionner une garantie (*backstop*) publique ou privée ». En d'autres termes, le *shadow banking* ne se développe que parce

1. FSB, Global Shadow Banking Monitoring Report 2016, 10 mai 2017, http://www.fsb.org/2017/05/global-shadow-banking-monitoring-report-2016.

2. Pour une analyse du *shadow banking* comme né de l'hybridation de la banque et de la finance, pour une présentation des risques qu'il porte et des propositions de régulation, voir Y. Tadjeddine et L. Scialom, « Banques hybrides et réglementation des banques de l'ombre », *Note Terra Nova*, 17 novembre 2014, https://economix.fr/docs/84/17112014%20-%20Banques%20hybrides%20et%20réglementation%20des%20banques%20de%20l'ombre.pdf.

3. S. Claessens et L. Ratnovski, « What is shadow banking ? », *IMF Working Paper*, WP/14/25, février 2014, https://www.imf.org/en/Publications/WP/Issues/2016/12/31/What-is-Shadow-Banking-41334.

qu'il profite d'une capacité d'absorption des risques que lui offrent d'autres acteurs.

Quelles sont donc ces garanties qui alimentent le système bancaire fantôme ? Elles recouvrent deux réalités différentes. D'une part, une fraction substantielle des activités du système bancaire de l'ombre se fait en réalité au sein même des banques systémiques. Par exemple, elles contrôlent des fonds dits alternatifs (*hedge funds*) engagés dans des activités très risquées qui bénéficient de garanties de financement de la banque. D'autre part, les banques systémiques font bénéficier le système bancaire parallèle de la garantie publique qui les protège. Parce qu'elles sont sous la protection du prêteur en dernier ressort public[1] – la banque centrale –, les banques peuvent agir comme des prêteurs en dernier ressort « privés » en faveur du *shadow banking*. Comment ? En accordant, par exemple, des soutiens en liquidité aux véhicules de titrisation ou en finançant des hedge funds (*prime broker*). Or, ces garanties réduisent la discipline de marché et favorisent la prise de risque… La conclusion logique est qu'une manière efficace de « dégonfler » le *shadow banking* serait de tarir les garanties que leur offrent les banques régulées… La séparation des activités va dans ce sens.

1. Les banques bénéficient d'un accès direct à la liquidité d'urgence de la banque centrale (le prêt en dernier ressort) et sont renflouées par les États quand leur solvabilité est mise en cause en raison de leur caractère systémique. En contrepartie de ce privilège exorbitant, elles sont plus réglementées que les autres intermédiaires financiers. Les banques de l'ombre peuvent donc indirectement bénéficier de cet avantage sans en payer le prix en termes de réglementation.

La séparation des activités : une réponse pertinente

Les travaux d'Arnoud Boot et Lev Ratnovski[1] donnent des arguments théoriques et analytiques forts au bien-fondé d'une séparation des activités de trading (pour compte propre et pour compte de tiers) et des activités de banque commerciale. Au cœur de leur argumentation, il y a le fait que la relation de crédit est durable. Elle repose sur des interactions répétées, bilatérales et hiérarchiques entre prêteur et emprunteur. C'est une relation d'engagement de moyen/long terme, alors que la relation de marché est ponctuelle, anonyme et décentralisée. L'activité de trading, contrairement aux activités bancaires traditionnelles (dépôts-crédits), s'ajuste facilement et rapidement ; elle est hautement réversible. Les incitations sont donc fortes, pour les banques qui font les deux types d'activité, d'optimiser l'usage de leur capital en mobilisant une part trop importante de celui-ci pour les activités de trading. Cela conduit à une mauvaise allocation du capital du point de vue de l'intérêt de la société. Quand les banques arbitrent entre les deux types d'activité pour un même capital, elles font trop de trading au détriment des prêts et portent trop de risques sur ces activités de marché. Les rendements élevés et privés des activités de banque d'investissement plus risquées ont donc tendance à évincer des ressources humaines et financières des activités de banque commerciale, dont le rendement social est pourtant bien plus élevé. Cette

1. A. Boot et L. Ratnovski, « Banking and Trading », *Review of Finance*, Oxford University Press, 2016.

éviction s'accroît à mesure que la taille de la banque augmente, entraînant une distorsion de sa structure de bilan. Bien évidemment, si les deux types d'activité sont séparés et répondent à des exigences en capital et en liquidité elles-mêmes différenciées, cet effet d'éviction et le coût pour la société qu'il représente disparaissent.

Une réforme de la structure des banques systémiques est donc souhaitable du point de vue de la société dans son ensemble. Elle isolerait les activités de banque commerciale des activités de trading et limiterait la garantie publique à la partie de la banque qui gère les dépôts et octroie les crédits. C'est une réponse pertinente, efficace et crédible aux multiples dimensions du problème posé à la collectivité par les banques systémiques. Bien sûr, ce n'est pas la réforme miracle qui à elle seule permettra d'assurer la stabilité financière. Elle n'a pas vocation à se substituer aux autres réglementations post-crise en capital, en liquidité, concernant les dispositifs de *bail in* ou la politique macroprudentielle. Cependant, la réforme de la structure des banques permettrait à ces réglementations de gagner en efficacité et en crédibilité. En particulier parce que la séparation s'accompagne de ratios de capitalisation et de liquidité distincts pour les deux parties de la banque.

La séparation des activités est également une réponse appropriée aux conflits d'intérêts qui portent atteinte à la loyauté vis-à-vis de l'intérêt général (prise de risque excessive, fraudes, délinquance en col blanc), alors même que le pouvoir de création monétaire est un pouvoir délégué par l'État. Elle permettrait de préserver la banque de dépôts – celle qui offre des services d'ordre public – des dérives générées par les conflits d'intérêts qui minent la banque d'investissement et de financement. C'est précisément ce qui a justifié l'adoption de cette mesure aux États-Unis dans les années 1930. Les banques affirment que les « murailles de Chine » sont une bonne solution pour éviter les conflits d'intérêts dans les groupes bancaires, mais lesdites « murailles » s'effondrent devant la machine à café… Seules les réformes structurelles peuvent contrer cette porosité nocive.

Si elle est ambitieuse, cette réforme devrait tarir les subventions implicites à la banque de marché, et donc induire une meilleure tarification des risques et limiter l'aléa moral. Si la banque de marché n'est plus perçue comme bénéficiant des garanties publiques, elle perd par là même la possibilité d'offrir un accès indirect à la protection du prêteur en dernier ressort au *shadow banking*. Une telle évolution créerait un environnement financier plus stable, les risques étant alors assumés par ceux qui les prennent. La réforme de la structure des banques systémiques aurait donc comme effet induit un dégonflement de la finance parallèle qui prospère dans le giron protecteur de ces mastodontes financiers.

La séparation des activités bancaires : des mécanismes de résolution plus crédibles

La réforme de la structure des banques est également le prérequis pour crédibiliser les avancées qui ont été faites en matière de redressement et de résolution bancaire notamment dans l'Union européenne.

L'union bancaire contient trois volets : un cadre de réglementation et de supervision bancaire unique au niveau européen et non plus national, un mécanisme de résolution des banques en difficulté également européen et une assurance dépôts européenne. La supervision unique permet de soumettre à un seul et même superviseur, la BCE, le contrôle des grandes banques de la zone euro. La résolution bancaire concerne les règles qui s'appliquent à la gestion des banques en difficulté et à la manière dont on répartit les pertes en cas de défaillance. Elle doit permettre d'organiser le démantèlement, voire la fermeture ordonnée des banques insolvables, même si elles sont considérées comme systémiques, tout en limitant les risques de contagion. L'idée sous-jacente est de créer un cadre institutionnel et juridique permettant de délier les mains des autorités publiques. Pour ce faire, toutes les institutions financières doivent pouvoir être démantelées en préservant les fonctions essentielles qu'elles assument. Deux instruments ont été créés à cette fin : les testaments bancaires et les instruments de renflouement interne ou *bail in*.

Les testaments bancaires contraignent les banques à fournir au régulateur un ensemble d'informations précises expliquant comment, en cas de difficultés, elles peuvent être légalement démantelées. Les banques doivent donc *ex ante* décrire les conditions de leur propre mort ou démembrement. Bien évidemment, le démantèlement est plus facile à concevoir pour des établissements dont les différents métiers sont filialisés et donc relativement « séparables ». Outre ces testaments bancaires, la plupart des pays ont mis en place les instruments du renflouement interne[1]. Ils permettent au régulateur d'imposer des pertes (décotes) ou une conversion en action sur certains engagements éligibles (postes du passif de la banque). En clair, outre les actionnaires, les détenteurs d'obligations, déposants non assurés et autres créditeurs peuvent être appelés à absorber les pertes de la banque. Ce dispositif est conçu comme devant protéger les contribuables d'avoir à renflouer les banques (*bail out* ou renflouement externe).

L'objectif est que les contreparties privées de la banque lui imposent une contrainte qui est fonction croissante du risque pris. Les créditeurs bien informés sont supposés avoir les ressources, les incitations, l'expertise et la connaissance du marché requises pour surveiller les banques. Les créanciers sont donc censés adopter un comportement disciplinant les banques à travers différents ajustements de prix et de quantités. La discipline de marché peut prendre la forme d'un renchérissement des coûts de financement des banques perçues par le marché comme trop risquées

1. Dans l'Union européenne, *via* la Directive sur le redressement et la résolution. En fait, deux standards existent en matière de *bail in* au niveau international. Le TLAC (Total Loss Absorbing Capacity) est le standard d'instrument de *bail in* promu par le Conseil de stabilité financière (Financial Stability Board) pour les 30 banques mondiales les plus systémiques (dont 13 groupes bancaires européens). Le MREL (Minimum Requirement for Own Funds and Eligible Liabilities) est un standard européen fondé sur la Directive pour le redressement et la résolution, et qui doit s'appliquer à toutes les banques domiciliées dans l'UE (pas seulement les banques globales systémiques). Ces deux standards ne sont pas, pour le moment, mutuellement compatibles, tant en termes de passif éligible qu'en termes de minimum légalement requis. Pour autant, la philosophie de ces instruments reste la même : limiter le recours au fonds public pour recapitaliser les banques et mettre à contribution les créanciers privés.

(accroissement des spreads) et/ou d'un rationnement quantitatif de leurs financements. Ces sanctions relèvent du canal direct de la discipline de marché. Mais les autres parties prenantes peuvent aussi exercer une influence disciplinante sur la banque en observant les prix de marché et les sanctions quantitatives. Ainsi, la presse financière, les analystes financiers, les agences de notations et les superviseurs peuvent utiliser les prix sur le marché primaire et secondaire pour évaluer les perspectives de la banque. Ce canal est qualifié d'indirect parce qu'il est exercé par une entité qui n'est pas partie prenante des transactions avec la banque.

Si ces mécanismes fonctionnent bien – testaments bancaires couplés aux instruments de renflouement interne –, ils doivent inciter les banques à prendre moins de risques. La structuration des groupes a un impact sur la crédibilité et l'efficacité de ces dispositifs. Deux stratégies s'opposent pour la mise en œuvre des processus de résolution : la résolution avec point d'entrée unique et la résolution avec points d'entrée multiples. Dans le premier cas, le processus de résolution se concentre sur la société de holdings du groupe bancaire. Les instruments de *bail in* sont activés au niveau de la tête du groupe. Dans le second cas, les entités du groupe entrant dans le processus de résolution sont multiples et les instruments de renflouement interne sont appliqués aux différents niveaux du groupe. L'approche avec point d'entrée unique est plus simple et plus transparente. Elle permet une définition des responsabilités de résolution plus claire entre pays d'origine et pays d'accueil pour les groupes bancaires transnationaux. Elle est aussi moins susceptible d'entraîner des délais accrus de résolution et des conflits d'intérêts entre les parties prenantes à la résolution. C'est d'ailleurs cette approche qui a le soutien du Conseil de stabilité financière[1]. Pourtant, nombre de groupes bancaires européens systémiques ont actuellement une structuration très complexe qui imposerait d'opter pour une résolution à points d'entrée multiples. C'est évidemment un frein bien compris et exploité par ces banques à l'utilisation des instruments de renflouement interne.

Les avancées en termes de redressement et de résolution bancaire, et le potentiel de responsabilisation des banques qu'elles induisent, sont indéniables. Pour autant, elles souffrent d'un déficit de crédibilité faute d'avoir imposé dans la foulée les réformes de la structure des banques qui auraient facilité et crédibilisé leur mise en œuvre. Par ailleurs, les instruments de *bail in* ne peuvent se substituer à une forte augmentation de la vraie capitalisation des banques pour rassurer les marchés et les contribuables. Les dettes *bail-inable* n'auront jamais un potentiel d'absorption des pertes comparable au vrai capital. Pis, quand les banques ne sont pas suffisamment capitalisées et qu'elles sont systémiques, les instruments de *bail in* peuvent devenir

1. Le Conseil de stabilité financière a été créé lors du G20 de Londres d'avril 2009. Il a pour missions d'évaluer les vulnérabilités financières mondiales et de faire des propositions pour y faire face, de promouvoir la mise en œuvre de standards financiers internationaux en matière de régulation financière et d'assurer la cohérence et la coordination des régulations de marché, des dispositifs de prévention du risque systémique, de la protection des investisseurs et consommateurs, etc. Bref, le Conseil de stabilité financière est censé épauler les régulateurs nationaux et régionaux en fournissant un diagnostic sur la stabilité financière mondiale et sur la mise en cohérence d'initiatives prudentielles nationales.

de puissants vecteurs de contagion. Ils peuvent provoquer des prophéties autoréalisatrices. Dès lors qu'investisseurs et déposants discerneront que la solvabilité de la banque se dégrade, les détenteurs d'obligations éligibles à la procédure de résolution vendront leurs titres et les grandes entreprises retireront leurs dépôts. Si les détenteurs de ces titres de dettes *bail-inable* n'anticipent pas correctement le déclenchement de la procédure, ils subiront des pertes proportionnées aux besoins de renflouement interne. Les gros investisseurs en dette bancaire étant les fonds de pension, les assureurs et les gestionnaires d'actifs, ils seront les premiers touchés. Bien qu'ils soient moins vulnérables aux chocs de liquidité de court terme qu'une banque, leur exposition potentiellement massive sur la dette éligible au *bail in* peut les amener à effectuer des ventes de détresse et à alimenter l'effondrement des prix de marché.

Une réponse que le lobby bancaire parvient à enterrer au nom d'arguments fallacieux

Nombre d'instances internationales[1] ont pris parti pour une séparation plus ou moins stricte des activités de banque commerciale et de banque de marché. Cette réforme structurelle des banques ne se substituerait pas aux autres instruments prudentiels, mais les épaulerait

1. L'OCDE est très en pointe sur le sujet et développe des travaux particulièrement convaincants, menés notamment par A. Blundell Wignall, P. Atkinson et C. Roulet (« Bank business models and the separation issue », *OECD Journal : Financial Market Trends*, 2014).

efficacement. Ainsi, la conclusion d'une note de discussion des services du FMI est éclairante : « Les preuves empiriques que la taille des banques est au moins en partie expliquée par les subventions aux banques *too big to fail* et par des incitations à construire des empires suggèrent qu'aujourd'hui les banques peuvent être trop grosses dans une perspective de bien-être social. [...] La réglementation optimale des banques devrait combiner des perspectives micro- et macro-prudentielles, et ses instruments peuvent inclure des surcharges en capital sur les grosses banques (comme prévu dans Bâle 3) et des mesures pour réduire l'implication des banques dans les activités de marché et la complexité organisationnelle[1]. »

En Europe, le groupe de travail mandaté par la Commission et dirigé par le gouverneur de la banque centrale de Finlande, Erkki Liikanen, pour travailler sur cette question, a proposé une réforme ambitieuse de la structure des banques applicable aux seules banques systémiques. « La séparation de ces activités dans des entités juridiques distinctes est la façon la plus directe de lutter contre la complexité et l'interconnexion des banques », peut-on lire dans une note accompagnant le rapport. Le cloisonnement ne serait obligatoire que si les activités concernées représentent une part substantielle des activités de la banque ou un volume susceptible d'affecter la stabilité financière. Plus précisément, le rapport Liikanen ne propose pas une séparation qui imposerait un démantèlement des groupes bancaires systémiques. Il propose une

1. L. Laeven *et al.* « Bank size and systemic risk », IMF Staff Discussion Note, mai 2014.

filialisation avec cloisonnement des activités de marché. Cela signifie que les activités concernées sont maintenues dans le groupe bancaire, mais dans des entités distinctes. L'idée sous-jacente est que la garantie de l'État ne bénéficie qu'à la banque commerciale. Seraient donc cantonnés les activités de trading sur titres et dérivés et de tenue de marché, les crédits aux hedge funds et aux véhicules de titrisation ainsi que les investissements dans le *private equity*. Le rapport Liikanen insiste particulièrement sur le fait que les structures des groupes bancaires doivent être telles qu'elles facilitent leur résolution. Cette réforme, qui avait été portée par Michel Barnier dans un projet de directive, a malheureusement été enterrée par la Commission Juncker.

Les Britanniques ont adopté une réforme de même type que celle proposée par le rapport Liikanen (le projet Vickers). Le fait que l'UE ait renoncé à ce projet de séparation des activités n'est pas seulement très dommageable pour la stabilité financière dans l'Union européenne, il donne des arguments forts aux banquiers de la City pour faire pression sur leur régulateur afin qu'il abandonne la loi de séparation Vickers, au nom de la distorsion de concurrence. Agiter le fameux *level playing field*[1] fait partie de la panoplie de base du lobbyiste bancaire. Alors que l'Amérique du président Trump a annoncé sa volonté de détricoter le Dodd Frank Act, l'Union européenne, par cette reculade, a donc également une part de responsabilité dans le

1. Cette expression, généralement non traduite, véhicule l'idée de concurrence équitable et d'égalité des chances entre les concurrents.

contexte actuel de pause, voire de recul, en matière de réglementation financière et bancaire.

En dépit de nombreuses voix qui soutiennent le cloisonnement des activités bancaires pour les banques systémiques, le lobby bancaire a jusque-là réussi à imposer son veto. Il persiste à défendre bec et ongles le fait que toutes les banques, y compris les plus systémiques, puissent continuer à mixer les deux types d'activité.

Quels sont leurs arguments ? Sont-ils pertinents ?

Deux grands arguments sont généralement mobilisés :

– Le premier reprend un enseignement basique de tout cours de finance : la diversification permet de limiter la vulnérabilité au risque spécifique, ce qui réduit la probabilité de faillite. Le risque spécifique est celui qui est associé à un titre particulier. C'est donc le risque lié à une mauvaise gestion, à la perte d'un marché, ou à un choc négatif sur l'activité d'une entreprise. Il est indépendant des facteurs qui affectent tout le marché. En principe, l'accroissement de la taille d'un portefeuille de titres va de pair avec l'approfondissement de la diversification, et donc devrait protéger contre ces risques spécifiques. Cependant, quand les établissements financiers deviennent si gros que leur portefeuille est une sorte d'approximation du marché global, les expositions communes deviennent excessives. En clair, la banque devient alors très vulnérable au risque systémique, c'est-à-dire au risque de marché. Or, celui-ci n'est pas diversifiable. Le système manque alors de diversité. Le paradoxe est donc que la diversification excessive, par l'homogénéisation des portefeuilles qu'elle implique, crée de la fragilité systémique. Comme le soulignent Charles Goodhart et Wolf Wagner : « Les plus grandes institutions opèrent maintenant sur les mêmes marchés globaux, entreprennent des activités similaires et sont exposées aux mêmes risques de financement. [...] Ce manque de diversité est très coûteux pour la société. Des institutions similaires ont plus de chances de rencontrer les mêmes problèmes simultanément. Cela rend les crises systémiques plus probables[1]. »

– Le second grand argument du lobby bancaire trouve sa source dans l'économie industrielle. Les restrictions sur la taille et les activités des banques les empêcheraient de pleinement bénéficier des économies d'échelle et d'envergure propres aux firmes multi-produits et multi-services. On parle d'économies d'échelle lorsqu'une entreprise est plus efficace à mesure que le volume de ses activités s'accroît. Le coût moyen décroît quand la quantité produite augmente. On parle d'économies d'envergure lorsqu'il est moins coûteux de produire plusieurs biens ou de fournir plusieurs services dans une même entreprise que dans des firmes séparées. Cet argument des économies d'échelle et d'envergure est séduisant, mais il n'est pas corroboré par les études empiriques[2].

1. C. Goodhart et W. Wagner, « Regulators should encourage more diversity in the financial system », 2012, http://voxeu.org/article/regulators-should-encourage-more-diversity-financial-system?keepThis=true&TB_iframe=true&height=650&width=850&caption=europe&quicktabs_tabbed_recent_articles_block=0.
2. D. Amel, C. Barnes, F. Panetta, et C. Salleo, « Consolidation and Efficiency in the Financial Sector : A Review of the International Evidence », *Journal of Banking & Finance*, vol. 28 (10), 2004 ; A. G. Haldane, « The $100 Billion Question, speech given at the Institute

En effet, dans le secteur bancaire, la courbe de coût moyen a la forme d'un U relativement écrasé. Cela signifie que le coût moyen diminue à mesure que la taille de la banque s'accroît, mais seulement jusqu'à une certaine taille. Au-delà, l'accroissement de la taille va de pair avec l'accroissement du coût moyen. Ces arguments sont donc valables pour des banques universelles de petite taille, mais ne s'appliquent pas aux banques systémiques, pour lesquelles les déséconomies l'emportent. Ces effets négatifs sont imputables aux difficultés de gestion des firmes de très grande taille. Ce constat légitime un traitement différencié des banques universelles de petite et de très grande taille. Différenciation d'autant plus nécessaire que la capacité d'un système, financier ou autre, à absorber un choc (résilience) et à se réorganiser à la suite de ce choc est favorisée par la diversité et la modularité. Or, un système financier dominé par des mastodontes en manque. Sa résilience est donc affaiblie. Les autorités publiques devraient promouvoir et accompagner une inflexion des systèmes financiers vers plus de différenciation et de spécialisation des intermédiaires financiers. La séparation des activités est l'une des mesures clefs d'une telle évolution. Elle devrait être assortie de mesures facilitant l'émergence d'un écosystème de petites banques plus ancrées dans les besoins des territoires. Les politiques publiques devraient en particulier accompagner le développement de banques éthiques et alternatives dont les

of Regulation & Risk, North Asia (IRRNA) », 2010, http://www.bankofengland.co.uk/archive/Documents/historicpubs/speeches/2010/speech433.pdf.

critères d'évaluation des projets à financer ne sont pas purement financiers[1].

Notre position est donc qu'il faut continuer à renforcer la capitalisation des banques et, dans le même temps, contraindre les groupes bancaires européens à une simplification de leur structure permettant la mise en œuvre de l'approche avec point d'entrée unique. Les plans de redressement et de résolution des banques devraient permettre au superviseur d'imposer aux banques systémiques une telle évolution, car ils sont censés anticiper et réduire les écueils à une résolution ordonnée. Une résolution bancaire implique des effets redistributifs, *via* le partage des pertes, qui peuvent être énormes. Si la résolution est avec points d'entrée multiples, les conflits d'intérêts entre les États impliqués en matière de distribution des pertes nuisent à l'efficacité du dispositif. L'intérêt majeur d'imposer l'approche du point d'entrée unique serait de promouvoir des structurations de groupe permettant le transfert des fonctions critiques de la banque[2] dans des entités structurellement séparées et dotées d'une capitalisation propre. En clair, la question de la réforme de structure des banques doit être pensée en cohérence totale avec les procédures de résolution et viendrait à l'appui de leur efficacité. Cela serait une grande avancée du point de vue de la protection des déposants et contribuables.

1. L. Scialom, « Banques éthiques et alternatives : un modèle pour l'avenir », *Revue Banque*, n° 803, prospective 2017 – rétrospective 2016, décembre 2016.
2. Notamment la banque commerciale qui collecte les dépôts et octroie des crédits aux ménages et aux PME.

La course à la complexité dans la réglementation a été une erreur

Depuis la fin des années 1980, la réglementation de la capitalisation des banques est le pivot de la réglementation prudentielle. Le renforcement de la solvabilité des banques devant permettre de protéger les petits déposants dépourvus d'incitations, d'expertise et de capacité à correctement discipliner les banques[1]. Un large consensus admettait que le déterminant clef du volant de capital réglementaire devait être le degré de risque des actifs de l'intermédiaire financier. L'évaluation des risques était très fruste sous Bâle 1 et beaucoup plus sophistiquée sous Bâle 2 et Bâle 3. Implicitement, il était donc admis que les racines des problèmes d'insolvabilité des banques se logeaient du côté de l'actif, puisque les systèmes d'assurance dépôt protégeaient les banques des ruées bancaires. Insolvabilité et illiquidité étaient supposées très strictement distinctes.

La crise financière a fortement ébranlé cette approche de la régulation financière.

Des bases analytiques fragiles

Les bases analytiques de la réglementation en capital des banques sont fragiles. Comme le souligne Martin Hellwig[2], il y a potentiellement trois justifications

1. M. Dewatripont et J. Tirole, *The Prudential Regulation of Banks*, MIT Press, Cambridge, MA, 1993.
2. M. Hellwig, « Systemic risk in the financial sector : an analysis of the subprime mortgage financial crisis », Max Planck Institute, novembre 2008.

majeures à la réglementation de la capitalisation des banques :

– fournir un amortisseur protecteur de la solvabilité des banques ;

– créer un cadre d'incitation qui réduit la prise de risque ;

– instaurer un dispositif permettant une intervention précoce des superviseurs avant que la banque ne soit insolvable.

Ces trois motivations peuvent être partiellement contradictoires. Ainsi, si l'objectif majeur est de créer un dispositif d'incitation à la maîtrise des risques, un ratio de capital pondéré par les risques peut être en théorie justifié. Cependant, comme le calcul du dénominateur du ratio de capital – l'actif pondéré par les risques – est délégué aux banques régulées pour les plus grosses d'entre elles, cet argument d'incitation perd en pertinence. L'autorégulation introduit la possibilité de manipulation du calcul et d'arbitrage de régulation. En revanche, si la réglementation en capital fait partie d'un dispositif plus large d'intervention corrective précoce, la logique est différente. Ce qui alors est fondamental, c'est que le ratio de capital qui constitue le seuil déclencheur de l'intervention (redressement ou résolution) ne soit pas manipulable par la banque. La pondération par les risques n'est alors plus justifiée.

La logique des accords de Bâle répond plutôt à celle d'un dispositif d'incitation. Pour cela est recherché un meilleur alignement des exigences réglementaires avec le capital économique exigé par les investisseurs et contreparties[1]. Cet objectif semble pourtant contradictoire avec une logique de capital réglementaire dans laquelle le régulateur serait le représentant des intérêts des contribuables. En effet, le capital économique répond à la logique de l'actionnaire, notamment en matière de création de valeur. Or, les actionnaires ne sont pas comptables des coûts sociaux et collectifs d'une faillite bancaire. Au pis, ils perdent leurs mises. Le capital réglementaire doit, lui, relever d'une logique plus collective. Le régulateur doit prendre en compte les externalités négatives sur le reste du système bancaire et financier de la défaillance d'une banque. Si la convergence est trop poussée entre les deux approches du capital économique et du capital réglementaire, cela contredit les fondements mêmes de la réglementation prudentielle et peut ainsi miner la stabilité financière globale. Rétrospectivement, il semble bien pourtant que ce soit cette conception de la régulation qui se soit imposée à partir de 1996 avec la reconnaissance des modèles de contrôle des risques des banques pour la détermination de leur capital réglementaire pour couvrir le risque de marché. Cette évolution vers l'autorégulation a été confortée par les versions ultérieures des accords de Bâle 2.

Des choix prudentiels contraints par le lobbying des banques

Comme nous l'avons montré, ces choix prudentiels sont le fruit d'un intense lobbying des banques et

1. M. Gordy et B. Howells, « Procyclicality in Basel II : Can We Treat the Disease Without Killing the Patient ? », *Journal of Financial Intermediation*, 15 (3), juillet 2006.

traduisent une capture du régulateur par l'industrie régulée, légitimée par la sophistication des instruments financiers et de l'évaluation des risques associés[1]. Cet alignement de la mesure réglementaire des risques, *via* le dénominateur du ratio de capital, sur les méthodes utilisées par les banques elles-mêmes pour l'allocation de leur capital, a singulièrement complexifié la réglementation prudentielle. Si l'on considère que le nombre de pages de l'accord est une bonne approximation de sa complexité, on est passé d'un accord de 30 pages avec Bâle 1 à un accord de près de 350 pages avec Bâle 2… Comme le rappellent Andrew G. Haldane et Vasileios Madouros : « Pour une grande banque active à l'international, le nombre de modèles utilisés pour définir les besoins de fonds propres peut se compter par centaines et le nombre de paramètres peut être estimé à plusieurs milliers, voire plusieurs dizaines de milliers[2]. » Pas besoin d'être un expert pour comprendre à quel point cette complexité peut être exploitée par les banques. Les superviseurs chargés de valider les procédures internes de calcul de l'actif pondéré par les risques font face à une asymétrie d'information difficilement surmontable. Des études menées par les régulateurs bancaires et le comité de Bâle montrent que l'hétérogénéité des modèles de contrôle des risques des banques et des pondérations des risques

1. Notons néanmoins que les surcharges en capital pour les banques systémiques en fonction de leur degré de systémicité compensent très partiellement cette conception du ratio de capitalisation.

2. A. Haldane et V. Madouros, « La réglementation basée sur le risque. Est-ce le moment pour un retour vers le futur ? » *Revue d'économie financière*, 2013/4, n° 112.

est très forte. Des simulations ont été faites sur un même portefeuille hypothétique. Elles pointent que celui-ci peut être financé par des exigences en capital réglementaire très différentes, pouvant aller de 1 à presque 3[1]. C'est l'évaluation du risque de crédit qui est la source majeure de dispersion des évaluations de risque. Cet état de fait rend difficile la comparaison entre les banques par les investisseurs, mais également par les superviseurs. Les nombreuses possibilités d'« optimisation » du dénominateur du ratio de capital entravent la fiabilité de l'estimation de la solvabilité des banques.

Les similitudes entre l'évolution de la réglementation financière et fiscale sont nombreuses[2]. La complexité des dispositions fiscales est devenue un facteur important de l'évasion fiscale. Elle crée une distorsion de concurrence entre les contribuables, en particulier entre les PME et les firmes multinationales. De la même manière, la complexité des dispositions de réglementation prudentielle est une incitation pour les banques les plus grosses à consacrer davantage de ressources pour en tirer parti en optimisant leur actif pondéré par les risques.

Certes, le passage aux accords de Bâle 3 présente de nombreuses améliorations. En relevant le niveau de capital requis, en simplifiant la définition des fonds

1. Basel Committee on Banking Supervision, « Regulatory Consistency Assessment Program : Analysis of Risk-Weighted-Assets », 2013, http://www.bis.org/publ/bcbs256.pdf.
2. A. Haldane, « Turning the Red Tape Tide », discours prononcé pour l'International Finance and Law Review Awards, Londres, 10 avril 2013.

propres, c'est-à-dire en se centrant sur les actions ordinaires, en introduisant une composante contra-cyclique, en ajoutant un ratio de levier sans pondération dans le filet de sécurité, Bâle 3 constitue une avancée indéniable. Pour autant, le dispositif n'a pas rompu avec la logique prévalant pour le calcul du dénominateur.

Comment expliquer cette continuité ? Le ratio de capital pondéré par les risques performe-t-il mieux que le ratio de levier non pondéré par les risques, pour prévoir les faillites bancaires et intervenir précocement ? Dit autrement, est-ce que les critiques relatives à sa complexité et aux opportunités d'arbitrage réglementaire qu'il crée sont « compensées » par sa performance à « voir venir » les défauts bancaires ? Étonnamment, les études empiriques sont plutôt convergentes[1] sur le fait que c'est au contraire le ratio de levier, c'est-à-dire le plus simple, qui surperforme le ratio pondéré par les risques. C'est particulièrement vrai pour les banques les plus grosses, celles dont la faillite est potentiellement la plus dévastatrice... Ce résultat n'est pas nouveau. Arturo Estrella, Sangkyun Park et Stavros Peristiani[2], dans une étude sur des données américaines portant sur la période au cours

1. A. Demirguc-Kunt *et al.*, « Bank capital. Lessons from the financial crisis », *World Bank, Policy Research Working Paper Series*, n° 5473, 2010 ; D. Mayes et H. Stremmel, « The effectiveness of capital adequacy measures in predicting bank distress », *SUERF Studies*, 2014/1 ; T. Hogan, « Capital and risk in commercial banking : a comparison of capital and risk-based capital ratios », *The Quarterly Review of Economics and Finance*, vol. 57, août 2015.
2. A. Estrella, S. Park et S. Peristiani, « Capital ratios as predictors of bank failure », *Economic Policy review*, Federal Reserve Bank of New York, juillet 2000.

de laquelle s'est développée la crise des banques et des caisses d'épargne aux États-Unis, arrivaient à la même conclusion. Ils soulignaient déjà que, si les ratios de capital pondérés par les risques sont des prédicteurs de faillite plus efficaces à long terme, ils sont dominés par des ratios non pondérés sur des horizons courts de moins de deux ans. L'argument explicatif avancé était le suivant : la capacité de la finance à créer de manière continue de nouveaux produits et de nouvelles techniques fait que tout système pondéré par les risques peut rapidement devenir obsolète. De nouveaux instruments financiers permettent d'économiser du capital réglementaire. L'argument n'a pas vieilli. D'autres plaident en faveur de ratios de capital plus frustes. Ils sont beaucoup moins coûteux à calculer, ils ne dépendent d'aucune hypothèse complexe de calibrage, ils ne sont donc pas soumis au risque de modèle et sont directement vérifiables par les *outsiders* (investisseurs et superviseurs). Dès lors, l'arbitrage entre le coût pour le régulateur et l'efficacité prédictive semble favorable aux ratios de capitalisation non pondérés par les risques. C'est notamment le cas quand ils servent de déclencheurs à des mesures de supervision renforcée, voire de coercition. C'est pourquoi les mesures d'actions correctives précoces aux États-Unis se fondent sur des seuils déclencheurs en termes de levier, et non de ratio pondéré par les risques.

La finalisation de Bâle 3 (ou Bâle 4, selon l'industrie bancaire) atteste la prise de conscience des régulateurs quant à certaines des failles inhérentes à l'usage des modèles internes dans la réglementation en capital des banques. Fin 2017, les superviseurs se sont enfin mis d'accord pour renforcer les méthodes dites standard, à savoir celles pour lesquelles le régulateur impose les paramètres de mesure du risque. Ils ont également décidé de davantage encadrer et restreindre l'usage des modèles internes pour le calcul de l'actif pondéré par les risques. Dorénavant, l'avantage qu'une banque peut tirer de l'utilisation de ses propres modèles est limité à 27,5 %.

Au passage, notons que les petites banques utilisent ces modèles standard. Le lobby bancaire français, dominé par nos quatre banques systémiques[1], s'est fortement opposé à cette volonté de limiter l'écart maximal entre l'évaluation interne d'une banque et l'évaluation par la méthode standard, c'est-à-dire la règle appliquée à tous. Ces vives réticences de la Fédération bancaire française ont trouvé en François Villeroy de Galhau un énergique soutien. Ainsi déclara-t-il, lors d'une conférence de presse, le 29 mai 2017 : « Concernant les négociations du Comité de Bâle, nous disons clairement oui à la finalisation de Bâle 3, reposant toujours sur des modèles internes améliorés et mieux supervisés. Mais nous refuserions à l'inverse, avec d'autres pays notamment dans l'Union européenne, un "Bâle 4" imposé trop à partir de la méthode standard et qui mesurerait donc moins bien les risques réels. » L'argument mis en avant par le lobby bancaire est le coût en fonds propres que cette réforme imposerait aux banques et qu'elles seraient « contraintes » de répercuter sur le coût des financements qu'elles octroient. Ce qui n'est pas dit, c'est que

1. Le groupe BPCE est sorti de la liste des banques systémiques du FSB en 2017, puis y est rentré de nouveau en 2018.

ce coût serait concentré sur les seules banques systémiques, pour lesquelles l'écart entre les deux mesures est le plus fort. Les perdantes sont évidemment les banques qui « optimisent » le plus leur actif pondéré par les risques.

Chapitre 6

Le terreau des réformes : l'enseignement et la recherche

La crise : défi théorique et source de renouvellement de la science économique ?

Dix ans après : l'heure du renouvellement est venue

Les grandes crises systémiques sont, ou devraient être, des moments déterminants pour la théorie économique[1], car elles illustrent que les modèles économiques prévalant dans la communauté des économistes sont faillibles. Ainsi, les modèles macroéconomiques, y compris intégrant des variables financières, ont été totalement incapables de prévoir la gravité de la crise qui a suivi la faillite de Lehman Brothers. De la même manière, la dépression de 1929 à 1932 était impensable à partir de l'outillage théorique des économistes

1. Robert Boyer a développé une analyse intéressante sur cette question. Lire notamment : Entretien avec R. Boyer, « S'interroger sur le savoir économique », *Esprit*, novembre 2009 ; « Le devenir incertain des théories économiques et financières », *Le Débat*, 2012/2, n° 69 ; « Les crises financières comme conflit de temporalités », *Vingtième siècle. Revue d'histoire*, 2013/1, n° 117.

de l'époque. Le chômage durable de masse ne pouvait trouver d'explication dans un corpus théorique qui concevait le chômage comme volontaire en raison du postulat d'équilibre entre offre et demande sur le marché du travail. Seules les explications mettant en avant des blocages dans le rééquilibrage sur le marché du travail liés à des rigidités nominales des salaires ou à des erreurs de politiques économiques étaient compatibles avec le cadre théorique dominant. Or cette interprétation était démentie par les faits puisque le chômage de masse persistait et s'aggravait en dépit d'une baisse des salaires nominaux.

C'est cette dissonance entre la théorie et la réalité économique qui a conduit, au terme d'années de réflexion collective au sein de l'université de Cambridge, à l'œuvre majeure de Keynes : *La Théorie générale de l'emploi, de l'intérêt et de la monnaie*. Keynes remet alors en cause les axiomes de la théorie classique qui empêchent de comprendre et d'analyser un phénomène aussi essentiel que le chômage de masse. Rétrospectivement, on peut interpréter la « théorie générale » comme l'intégration dans la théorie économique des transformations historiques et structurelles du capitalisme. Les conséquences économiques de la montée du salariat sur la formation des salaires et l'insuffisance de la demande effective comme explication d'un chômage involontaire massif sont alors prises en compte, ainsi que le rôle des conventions financières sur la détermination de l'investissement. Dans ce nouveau corpus théorique, le déficit public, loin d'être la cause du chômage, devenait un instrument pour lutter contre celui-ci. La macroéconomie keynésienne est née de la crise des années 1930.

Pendant plusieurs décennies, les modèles keynésiens furent dominants et pertinents pour les prévisions et l'évaluation des politiques publiques. Les successeurs de Keynes crurent qu'il s'agissait d'une théorie générale valable quel que soit le contexte institutionnel et historique. Ils ne perçurent pas que l'efficacité des politiques keynésiennes était intrinsèquement liée à un régime d'accumulation très spécifique. Celui-ci couplait la production de masse à un rapport salarial qui, en contrepartie de l'acceptation de la rationalisation et de l'intensification du travail, accordait une indexation des salaires sur les gains de productivité. Le « fordisme » fut ainsi un âge d'or du keynésianisme. L'ouverture des économies à l'international et la financiarisation des économies ont eu raison de son efficacité.

C'est dans ce contexte que se sont imposés le monétarisme, puis la nouvelle macroéconomie classique. Cette dernière s'est construite sur la recherche systématique de fondements microéconomiques à la macroéconomie. Son implantation dans les cercles académiques, puis institutionnels, a été tout à fait impressionnante. La référence au keynésianisme a quasiment disparu de l'enseignement de la macroéconomie et les banques centrales ont adopté des modèles d'action inspirés de cette nouvelle macroéconomie classique.

Celle-ci s'inscrit dans une longue tradition qui voit dans les marchés la propriété miraculeuse de l'autorégulation. Il s'agit clairement d'une approche normative de l'économie, comme en témoignent les réformes proposées par les tenants de cette conception. Renforcement de la concurrence, libéralisation, flexibilisation, privatisation, ouverture internationale : toutes ces réformes visent à façonner un univers économique dans lequel leur modèle théorique devient pertinent. Ce courant théorique dominant en finance prétend que tous les actifs, et donc tous les risques, peuvent toujours être correctement valorisés[1]. Aucune crise de nature systémique n'est possible dans ce référentiel théorique. Quels en sont les principaux présupposés ? Les valeurs fondamentales existent et ne sont perturbées que par des chocs exogènes de l'offre. La monnaie est neutre en permanence. Les marchés sont autorégulateurs. En présence de chocs, les équilibres sont rapidement rétablis. La rationalité est liée au postulat de parfaite connaissance du futur. Les événements sont suffisamment peu corrélés pour permettre une diversification optimale des risques en toutes circonstances. Les participants aux marchés ne se distinguent que par leur degré d'aversion au risque, qui est supposé exogène. La crise financière globale a balayé la plupart de ces présupposés.

Les évolutions qui se sont produites dans les trente à quarante années ayant précédé la crise (globalisation, déréglementation, développement de nouveaux marchés dérivés, innovations) étaient supposées rapprocher les systèmes financiers de l'idéal de la nouvelle économie classique. Elles étaient censées rendre le cycle conjoncturel de l'économie réelle moins marqué et moins coûteux. Certains économistes ont vu dans la fameuse « grande modération » des années 1990 et 2000 – caractérisée par une inflation faible et stable et une croissance régulière – l'avènement de ce monde

1. Sur l'analyse et la critique de cette approche, voir M. Aglietta et N. Valla, *Macroéconomie financière*, La Découverte, 2017.

réel cohérent avec la vision idéalisée de la nouvelle économie classique. Ainsi, Robert Lucas, fervent défenseur de ce courant théorique, prix Nobel d'économie et alors président de l'Association des économistes américains, affirme en 2003 : « Le problème central de la prévention des récessions est résolu dans toutes ses implications pratiques, et il l'est pour de nombreuses décennies[1]… » Cette citation se suffit à elle-même.

Avant même la survenue de cette crise, l'enracinement de la nouvelle économie classique et le façonnage qu'elle imprima à notre discipline méritent questionnement. Une démarche qui a une prétention scientifique doit être soumise au principe poppérien de réfutabilité. Lorsque les propositions de la théorie sont contredites par une accumulation d'anomalies – ce qui fut le cas avec la multiplication des crises financières et bancaires des années 1990 jusqu'à la crise systémique de 2007-2008 –, le paradigme qui stipule les hypothèses fondatrices doit être révisé. Ce qui est étonnant et inquiétant, c'est qu'un paradigme rejeté il y a quatre-vignts ans par une crise financière globale et destructrice dont les ressorts sont les mêmes que ceux qui ont mené à la crise financière de 2007-2008 ait pu réapparaître. Une telle incongruité n'existe dans aucune science. La crise financière systémique de ce début de XXIe siècle balaiera-t-elle définitivement ce paradigme ? A-t-elle provoqué la révolution intellectuelle et conceptuelle permettant de véritablement rompre avec la conception de l'économie qui prévalait avant crise ? L'enseignement de l'économie est-il

1. Discours à l'American Economic Association, Washington CD, le 4 janvier 2003.

aujourd'hui en cohérence avec ce bouleversement des certitudes qui le façonnaient depuis des décennies ? Rien n'est moins sûr.

Depuis 2007, nous vivons une grande crise[1], une rupture comparable à celle des années 1930. Elle appelle donc à un renouvellement profond de la théorie économique qui s'est révélée incapable de la prévoir, et non à des ajustements à la marge. Dans les grandes crises, on observe une rupture par rapport aux régularités et ajustements passés. Les gouvernements prennent conscience que les politiques antérieures perdent en efficacité et le terme de réforme devient un leitmotiv. Pour autant, l'observateur éclairé ne peut qu'être étonné de l'inertie des représentations face à la crise financière globale. Difficulté à penser autrement qu'en référence au paradigme qui a failli. Ainsi, dans l'Union européenne, la crise de la dette souveraine que l'on connaît depuis 2010 est souvent interprétée comme la conséquence d'un laxisme budgétaire, et non comme la conséquence de la libéralisation financière qui a été à l'origine de bulles spéculatives immobilières et boursières. Pourtant, pour des pays comme l'Espagne, l'Irlande et le Royaume-Uni, il y a eu socialisation des pertes financières et c'est ce processus qui a conduit au niveau d'endettement public actuel. La Grèce est un cas particulier. Étonnamment, la référence reste le modèle néolibéral, qui a failli avec la crise financière globale.

Plus de dix ans après le début de la crise, l'heure est venue de tourner la page d'un cadre conceptuel et

1. Au sens que lui donne la théorie de la régulation initiée par M. Aglietta et R. Boyer.

théorique qui nous a menés dans le mur. Pour que ce basculement ait lieu, il faut que le foisonnement de recherches éparses sur la macrofinance post-crise finisse par faire système. Il faut qu'il irrigue l'enseignement économique et financier dans les universités, dans les *business schools* et dans toutes les écoles formant nos « élites », notamment nos hauts fonctionnaires. La lutte contre l'inertie du contenu des programmes est cruciale. Un travail d'introspection critique doit être mené.

Pour que les idées économiques novatrices et les représentations des acteurs sur l'économie interagissent et deviennent parties prenantes de l'émergence de nouvelles formes d'organisation de la vie économique et sociale, l'enseignement de l'économie et de la finance doit faire sa mue. Il doit accepter le pluralisme, la diversité et la confrontation des paradigmes. Le premier pas est de reconnaître que c'est l'hégémonie d'une conception dominante de l'économie, l'oubli des leçons de la crise des années 1930, qui a empêché de voir venir et de prévenir le cataclysme financier et son lot de coûts économiques et sociaux. Comme dans tout système complexe, le manque de diversité dans l'enseignement de l'économie, la prééminence d'une représentation des interactions économiques est source d'entropie. L'uniformité sclérose la pensée.

Le préalable à toute réforme en profondeur de l'industrie financière et bancaire passe donc par une réforme de la manière dont sont formés nos cadres dirigeants, qu'ils soient dans le secteur privé ou le secteur public. La dérégulation financière fut légitimée par la pseudo-scientificité de la théorie économique dominante. Celle-ci fut enseignée à nos futurs dirigeants comme LA science économique, conduisant à un appauvrissement de leur esprit critique. Un étudiant en économie formé dans les années 2000 peut ne jamais avoir entendu parler de Marx, du Keynes autre que celui de la synthèse ou de Minsky... La question est : un étudiant formé aujourd'hui est-il logé à la même enseigne ?

La mère des réformes : tirer les leçons de la crise et repenser l'enseignement de l'économie et de la finance dans l'enseignement supérieur

Les étudiants en première ligne

L'acceptabilité des réformes requises pour assurer la stabilité financière passe par une remise en cause profonde de la manière dont l'économie et la finance sont enseignées. Nous sommes encore bien loin, aujourd'hui, d'un tel *aggiornamento*. Pourtant, la prise de conscience et la pression viennent de la base. Comme le rappelle Caroline Metz[1], dès avant la crise financière, des mouvements étudiants, notamment en Europe, ont cherché à faire pression en faveur d'un profond renouvellement de l'enseignement des sciences économiques. Des étudiants français ont été pionniers à exprimer cette revendication dans les années 2000. À l'initiative d'étudiants normaliens, une pétition contre « l'autisme en économie » mettait l'accent sur l'usage abusif des

1. C. Metz, « Repenser l'économie et son enseignement : un thème qui fédère les étudiants européens », *L'Économie politique*, 2014/4, n° 64.

mathématiques et appelait à une approche pluraliste et ouverte sur les sciences sociales de l'économie. La manière dont ils justifiaient le terme « autisme » est intéressante : « Nous avons utilisé ce terme d'"autisme" parce qu'il nous semblait bien résumer ce que nous ressentions, notamment la fermeture totale de la discipline au monde extérieur. Or cette fermeture à l'extérieur est communément associée à l'autisme, même si, comme beaucoup d'autres personnes, nous connaissons très mal cette maladie. Selon le Petit Robert, l'autisme désigne une "attitude de détachement de la réalité extérieure accompagnée d'une vie intérieure intense". Pour le Larousse, c'est une "perturbation affective caractérisée par un repliement du sujet sur lui-même avec perte plus ou moins importante des contacts avec le monde extérieur". Ce seul mot parvient donc, selon nous, à caractériser le comportement du courant dominant (académiquement) en économie. Celui-ci se caractérise en effet par sa coupure au monde extérieur, d'ailleurs couplée à une "vie intérieure intense", c'est-à-dire la production à jets continus de petits modèles tous plus débiles les uns que les autres[1]. »

Les étudiants britanniques ont pris le relais dans l'immédiat après-crise[2]. Ils firent alors écho à la réflexion grinçante de la reine d'Angleterre formulée à la prestigieuse London School of Economics devant un parterre d'économistes quelques semaines après la faillite de Lehman Brothers : « Mais comment se fait-il que vous n'ayez rien vu venir ? » Oui, comment ?

1. http://www.autisme-economie.org/article30.html.
2. Avec notamment le mouvement né à l'université de Manchester au nom explicite : Post-crash Economics Society.

Au niveau international, l'ISIPE (International Student Initiative for Pluralism in Economics[1]) est née en 2014 à partir du regroupement de 65 associations d'étudiants en économie de 30 pays (à la mi-2017, 82 associations étudiantes y seraient adhérentes, d'après son site). Le collectif PEPS Économie, créé en France en 2010, fait partie des collectifs étudiants à l'origine de l'ISIPE.

Parmi les points de convergence de ces différentes initiatives étudiantes, il y a l'idée de promouvoir un enseignement ancré dans le réel, fournissant les clefs de compréhension de nos économies et aiguisant l'esprit critique. Cette ambition implique une mutation profonde de notre manière d'enseigner les sciences économiques. Parmi les principales inflexions, il faudrait :

– accorder moins de place à la théorie et aux modèles mathématiques, notamment au cours des trois premières années dans le supérieur ;

– mettre fin à l'hégémonie de la théorie néoclassique au profit d'un enseignement pluraliste ;

– donner leur juste place aux approches institutionnalistes, évolutionnistes, keynésiennes, marxistes et à l'histoire de la pensée ;

– promouvoir un enseignement davantage pluridisciplinaire et donc laisser une place à des enseignements d'histoire économique, de socio-économie, d'anthropologie, de psychologie sociale et d'économie politique.

Ces attentes ont partiellement été relayées dans les milieux académiques et chez les décideurs politiques

1. http://www.isipe.net.

à travers des initiatives comme l'INET (Institute for New Economic Thinking), créé en 2009. Partant du constat de la faillite de la théorie néoclassique à répondre aux défis posés par la crise et des résistances fortes aux changements au sein de la discipline, l'INET[1] propose un programme de travail ancré dans l'histoire et la multidisciplinarité, et centré sur les défis auxquels nos économies sont confrontées.

En France, le rapport Hautcœur[2] sur « l'avenir des sciences économiques à l'université », remis en juin 2014 à la secrétaire d'État à l'Enseignement supérieur, Geneviève Fioraso, fait également le constat d'un enseignement en économie trop théorique et mathématique. Il pointe des programmes ne laissant que trop peu de place au pluralisme des positionnements théoriques et des méthodologies. Pour autant, si le diagnostic est bon et les intentions louables, ce rapport n'a pas débouché sur des changements notables.

L'Association française d'économie politique (AFEP) a également été créée sur la base des mêmes revendications de pluralisme en économie. Cependant, sa stratégie est plus radicale que ce que préconise le rapport Hautcœur : elle considère que les mécanismes de recrutement des enseignants-chercheurs conduisent à la reproduction et entravent tout renouvellement en profondeur des corpus théoriques représentés dans la profession, et plaide pour une scission institutionnelle du corps des économistes. Pour les non-spécialistes,

1. https://www.ineteconomics.org/about.
2. P.-C. Hautcœur, Rapport sur l'avenir des sciences économiques à l'Université, https://cache.media.enseignementsup-recherche.gouv.fr/file/Formations_et_diplomes/05/1/Rapport_Hautcoeur2014_328051.pdf.

il faut savoir qu'aujourd'hui tous les économistes universitaires, quelle que soit leur sensibilité, sont réunis dans une même section au sein du Conseil national des universités. L'AFEP préconise la création de deux sections au lieu d'une. La nouvelle section accueillerait les économistes jusqu'ici peu représentés dans le monde universitaire : institutionnalistes, socio-économistes, évolutionnistes, marxistes. Plus généralement, elle aurait vocation à regrouper les économistes qui conçoivent leur discipline comme partie intégrante des sciences sociales, et non comme une science dure. L'idéal serait évidemment que la science économique s'ouvre et que débats et dialogues entre les partisans des deux conceptions de l'économie se tiennent de manière apaisée, afin d'enrichir la discipline plutôt que de l'appauvrir.

En dépit de ces diverses initiatives étudiantes et émanant d'enseignants-chercheurs, introspection, autocritique et *aggiornamento* ne semblent toujours pas à l'ordre du jour. La finance est à la frontière entre la gestion et l'économie. Elle est enseignée dans ces deux disciplines. Notre responsabilité en tant qu'enseignant-chercheur est indéniable. Il est vain d'imaginer que l'on puisse véritablement réformer la finance sans un profond renouvellement de la manière dont l'économie et la finance sont enseignées. Les économistes « standard », qui dominent toujours la profession, n'ont pas fait de véritable *mea culpa*. Ils ont toujours les plus grandes difficultés à appréhender le concept de crise autrement que comme un épiphénomène demeurant à la marge de la discipline. Ils analysent la crise comme le résultat des imperfections de marchés (externalités et défauts de coordination), ou comme le fruit de chocs exogènes (catastrophe naturelle, conflits, tensions internationales), voire comme un simple accident dû à une conjonction imprévisible de hasards malheureux ou à des interférences sociopolitiques (trop fort activisme de l'État, crise sociale). Armés d'une conception aussi pauvre des crises, ils peinent à interpréter leurs transformations structurelles et l'accumulation de désajustements conduisant de manière endogène à la crise[1].

Équilibre, réductionnisme et distance au réel : les principaux écueils à un renouvellement

Comme le rappelle avec raison Steve Keen[2], la référence constante à l'équilibre constitue une véritable idéologie qui rend impossible toute réflexion sur la crise comme inhérente au fonctionnement du capitalisme. Un détour historique permet de comprendre cette persistance du concept d'équilibre dans la recherche et l'enseignement de l'économie.

À la naissance de l'économie comme discipline, la théorie économique a joué un rôle politique fort en aidant la société à se libérer du carcan de l'idéologie religieuse. Cette dernière avait structuré l'ordre féodal et continuait à influencer la manière dont les individus pensaient la société et se pensaient dans la société. La théorie économique que l'on appelait à juste titre l'économie politique a été un appui idéologique à

1. Notons que, à l'opposé, l'école de la régulation née en France dans les années 1970 propose une macroéconomie institutionnelle et historique qui place l'étude des crises au cœur même de son programme de recherche.
2. S. Keen, *L'Imposture économique*, Les Éditions de l'Atelier, 2014.

l'émergence d'un capitalisme marchand. L'ordre féodal n'assurait la prospérité que des « bien nés ». Au contraire, l'économie de marché et l'équilibre de marché portaient la promesse d'un plus grand bien-être pour tous les membres de la société, selon les contributions individuelles de chacun. Le concept d'équilibre est donc né dans le cadre d'une vision de la société gouvernée par la méritocratie. Le concept d'équilibre était libérateur du joug du déterminisme social. Les économistes de la fin du XIXe siècle ont proposé une analyse mathématique de la manière dont une économie de marché idéalisée peut atteindre l'équilibre. Ils ont promu l'idée que cet équilibre est juste pour tous. L'économie néoclassique s'est forgée à une époque où se développent des mouvements socialistes dont l'ambition est de remettre en cause l'ordre capitaliste. Le concept d'équilibre a été une arme idéologique dans la bataille contre le socialisme. Or, la discipline semble avoir oublié cet ancrage historique et idéologique du concept d'équilibre. Celui-ci continue à être enraciné au cœur de la théorie économique dominante. En dépit de critiques théoriques internes très fortes[1] – à savoir l'impossibilité d'agréger les préférences individuelles[2], l'instabilité de l'équilibre général ou l'incapacité à prendre en compte la monnaie –, en dépit de l'accumulation de preuves empiriques infirmant la tendance des économies à converger vers l'équilibre[3],

1. *Ibid.*
2. La courbe de demande agrégée peut avoir n'importe quelle forme, même si les demandes individuelles sont décroissantes par rapport au prix (critique de Sonnenschein Mantel Debreu).
3. Grande dépression, crise financière globale, inefficience des marchés, etc.

la discipline reste arc-boutée sur le concept d'équilibre. En témoigne l'attraction des modèles DSGE (dynamiques stochastiques d'équilibre général), en particulier dans les banques centrales… Cette fascination pour l'équilibre est le frein majeur pour que, collectivement et définitivement, nous placions la science économique là où elle doit être : du côté des sciences sociales, et non des sciences dures.

L'incapacité à penser la crise s'explique également par le réductionnisme fort qui caractérise aujourd'hui la science économique. Celui-ci se traduit par la volonté de faire de la macroéconomie une branche de la microéconomie à travers la recherche systématique des fondements microéconomiques à la macroéconomie. Cette erreur conceptuelle conduit à croire que la compréhension des systèmes à grande échelle passe par la compréhension de ceux-ci à une échelle plus petite. En d'autres termes, le comportement de l'économie dans son ensemble est pensé comme pouvant être directement dérivé de la microéconomie. C'est pourquoi, aujourd'hui, la macroéconomie néoclassique est en vérité de la microéconomie appliquée. Cette approche réductionniste suppose que le comportement de tout système complexe puisse être compris à partir de l'analyse de ses constituants, en sommant les effets de chacun. Or, les systèmes ont des comportements qui sont spécifiques à leur échelle et ne peuvent se déduire du comportement des composantes isolées du système. Le risque systémique est l'un des exemples les plus pertinents des limites de cette approche et du danger qu'elle représente. Le risque systémique n'est pas égal à la somme des risques individuels. Ainsi, face à une rupture dans la perception des risques, les comportements microéconomiques de protection contre les risques individuels, parfaitement rationnels à l'échelle micro, peuvent générer au niveau macroéconomique du risque systémique. Pour dire les choses autrement, des comportements qui visent à accroître la sécurité individuelle conduisent à une insécurité généralisée. Les dynamiques de crise de liquidité correspondent exactement à ce schéma. Concevoir les marchés financiers comme autorégulateurs et ne se focaliser que sur les comportements microéconomiques rend impossible la compréhension des crises financières systémiques, et donc la conception des régulations susceptibles de les contrer.

Au-delà de ces écueils théoriques majeurs, le rapport au réel concernant la banque et la finance est également très problématique. Comme le souligne avec justesse Adair Turner[1] : « La description des banques dans les livres d'économie consiste généralement à dire qu'elles prêtent de l'argent aux entreprises pour financer de nouveaux investissements. Les explications en faveur de la financiarisation de l'économie se focalisent presque exclusivement sur l'impact bénéfique d'un meilleur afflux de crédit vers les entreprises et les entrepreneurs. Mais, dans la plupart des systèmes bancaires modernes, l'essentiel du crédit ne sert pas à financer de nouveaux investissements. Il finance l'achat d'actifs existants, au premier rang desquels des biens immobiliers anciens. » Ce rapport fantasmé dans les manuels d'économie à ce que font réellement

1. A. Turner, *Reprendre le contrôle de la dette*, Les Éditions de l'Atelier, 2017, p. 101.

les banques donne de celles-ci une vision totalement déformée d'intermédiaires financiers dont l'activité majeure est de financer l'économie réelle. Or, tous les prêts ne se valent pas et, aujourd'hui, la dette alimente les bulles et donc l'instabilité financière. L'histoire du capitalisme est jalonnée de cycles de surinvestissements financés à crédit aux effets macroéconomiques désastreux. Ceux-ci devraient être amplement enseignés dans les cursus de macroéconomie.

Le cas japonais est emblématique des dynamiques provoquées par l'excès d'endettement. Il présente malheureusement de nombreux points de convergence avec la situation européenne actuelle.

Durant la seconde moitié des années 1980, l'économie nippone a enregistré une expansion effrénée. L'interaction – auto-entretenue – entre le climat macroéconomique très favorable, la hausse des prix des actifs immobiliers et financiers et le caractère excessif des octrois de crédits a contribué à la création d'une série de déséquilibres financiers. Avec la libéralisation des marchés de capitaux dans les années 1980, les entreprises japonaises se sont davantage tournées vers des financements obligataires plutôt que vers les prêts bancaires. Les banques réagirent à cette concurrence du côté de leur actif en accroissant leur exposition au marché de l'immobilier résidentiel. Avec l'éclatement de la bulle immobilière et financière au début des années 1990, l'économie japonaise a donc été confrontée à une récession de bilan et à une crise bancaire. La déflation de bilan se caractérise par un désendettement privé généralisé et des entreprises privilégiant le remboursement de leurs dettes au détriment de l'investissement. La crise bancaire ne s'est véritablement déployée qu'en 1997, alors que sévissait la crise asiatique. Entraînant la faillite de plusieurs institutions financières d'envergure, elle a forcé à la reconnaissance des crédits non performants qui plombaient déjà depuis quelques années les bilans bancaires et pesaient sur l'économie réelle. L'État fut contraint de recapitaliser le secteur bancaire. Depuis, l'économie japonaise reste engluée dans une croissance atone et un endettement public massif.

Le cas japonais est une sorte de cas d'école. Il montre que les récessions qui font suite à une période de forte hausse de l'endettement et à un renchérissement exceptionnel des actifs financiers et immobiliers sont plus sévères. Elles s'accompagnent le plus souvent d'importants effets financiers et réels qui se font ressentir plus longtemps que lors des récessions ordinaires. L'enseignement et le décryptage soigné de ces épisodes de récession de bilan, de déflation par la dette, voire de déflation monétaire (baisse des prix des biens et services), devraient prendre toute leur place dans l'enseignement de la macroéconomie. Loin d'une vision idéalisée de la finance, ils illustrent les effets pervers qu'elle génère en l'absence de régulation adéquate.

Réformer l'enseignement de l'économie et de la finance ne signifie pas abandonner l'enseignement de l'économie néoclassique. Il est juste question d'accepter que les programmes soient équilibrés, et de permettre donc de défier intellectuellement ce cadre théorique en laissant toute leur place aux paradigmes concurrents. C'est aussi réformer en profondeur la manière dont la finance et ses effets macroéconomiques sont enseignés. Il s'agit de donner plus de place au décryptage des forces à l'œuvre dans l'émergence de déséquilibres financiers au niveau national et international, d'expliquer les mécanismes économiques sous-jacents à la résurgence des cycles financiers et des politiques micro- et macroprudentielles susceptibles de contrer les risques financiers globaux. L'enseignement relatif à la finance ne doit pas non plus faire l'impasse sur les mécanismes et canaux par lesquels l'hyperfinanciarisation influe sur divers pans de l'économie. En d'autres termes, l'enseignement de la finance doit s'intéresser aux relations entre celle-ci et l'économie, y compris dans ses dimensions sociales et sociétales. Ainsi, finance et inégalités, financiarisation et gouvernance des entreprises, financement de la transition écologique, nouveaux risques financiers climatiques, tous ces sujets cruciaux pour les prochaines décennies devraient désormais occuper une place de choix dans les cursus économiques et financiers.

Au-delà de l'ouverture indispensable de l'éventail des cadres théoriques, outre le renouvellement requis de l'enseignement des faits stylisés relatifs à la finance et à la macroéconomie financière, c'est aussi l'ouverture aux autres sciences sociales qu'il faut favoriser. Ironie de l'histoire, alors que ce regard croisé et fertile entre les disciplines a fait la spécificité des enseignements de sciences économiques et sociales (SES) au lycée depuis une cinquantaine d'années, la récente réforme des programmes de SES proposée par Jean-Michel Blanquer tend au contraire à exporter l'enseignement cloisonné et techniciste du supérieur dans le secondaire. Alors que nos étudiants dénoncent « l'autisme en économie » et réclament un enseignement plus ouvert sur les sciences sociales, la réponse de nos dirigeants a été d'étendre le cloisonnement disciplinaire à l'enseignement au lycée… Surdité, quand tu nous tiens ! Comme l'analyse Philippe Watrelot : « Ce sont surtout les économistes qui s'alarment d'un supposé décalage entre l'enseignement secondaire et l'enseignement universitaire. Mais la question reste unilatérale : on voit peu de questionnements de leur part sur la pédagogie et les contenus enseignés à l'université[1]. » Introspection ?

Économistes, nous nous lamentons parfois de la déperdition d'effectifs étudiants. N'avons-nous pas notre part de responsabilité dans cette hémorragie ? À ceux qui ont l'âge de n'avoir connu que la crise, à ceux qui ont conscience que la crise écologique rend impératif un changement drastique de paradigme, quels outils de compréhension du monde complexe dans lequel nous vivons leur enseignons-nous ? Quels outils analytiques permettant de concevoir ce changement de paradigme leur offrons-nous ? Analyser la complexité d'un monde économique mouvant et pétri de risques, souvent nouveaux, impose d'être formé à une agilité intellectuelle qui ne se limite pas à la maîtrise du formalisme mathématique – tout en ne l'excluant pas, évidemment. Décrypter l'économie nécessite d'admettre que les rapports économiques sont aussi politiques, que le droit interfère avec certains mécanismes économiques, que la sociologie et la psychologie sociale influent sur la rationalité et

1. « Les cinq malédictions des sciences économiques et sociales », http://philippe-watrelot.blogspot.com/2018/02/les-cinq-maledictions-des-ses_11.html.

que celle-ci est souvent limitée. Les barrières disciplinaires deviennent aujourd'hui un obstacle à l'intelligibilité de la complexité du monde économique contemporain. Montée des inégalités, importance des choix proprement politiques dans les trajectoires économiques de certaines zones, prégnance des phénomènes environnementaux et écologiques sur les choix économiques et leur soutenabilité, reconnaissance de l'existence de biens publics mondiaux ne pouvant être gérés sur les espaces domestiques... ces évolutions ne peuvent être pleinement intelligibles dans un seul champ disciplinaire. Elles appellent au dialogue et à l'interaction étroite entre les disciplines phares des sciences sociales.

Promouvoir un enseignement obligatoire sur les conflits d'intérêts et l'éthique

La sensibilité de la société aux questions éthiques et de conflits d'intérêts touchant les personnes en situation de haute responsabilité s'est exacerbée depuis la crise de 2007-2008. Les comportements des « élites » ne se sont pas infléchis au même rythme, d'où le sentiment des citoyens d'un écart croissant entre les attentes très fortes de probité et d'exemplarité et les comportements observés, qui ne sont pas toujours à la hauteur de celles-ci.

Renforcer l'éducation à des valeurs éthiques et déontologiques partagées dans la société : un enjeu démocratique majeur

Les projecteurs ont été braqués au cours de la dernière campagne présidentielle et des premiers mois de la présidence Macron sur la moralisation de la vie politique. Mais la moralisation de la vie publique doit aussi concerner la haute fonction publique. La porosité très forte entre la haute administration et les sphères dirigeantes de l'industrie bancaire suscite le soupçon de manque de loyauté vis-à-vis de l'intérêt général.

Banque et finance sont particulièrement exposées à la défiance populaire, car la crise financière a été vécue comme une faillite morale de ce secteur. Cupidité, irresponsabilité individuelle et manque de transparence ont nourri les prises de risque excessives, et donc accru les coûts pour la société dans son ensemble. Les scandales à répétition de banques impliquées dans des réseaux d'évasion fiscale, de blanchiment d'argent, dans la commercialisation de produits toxiques, dans des atteintes à l'intégrité des marchés, n'ont fait qu'amplifier la défiance de la population à l'égard des banques et de la finance. Celle-ci se nourrit également du fait que, contrairement aux démocraties des pays d'Europe du Nord, les pays latins et en particulier la France souffrent d'un manque criant de culture des conflits d'intérêts[1]. Cette carence concerne tant les personnes qui sont en situation de conflit d'intérêts, alors qu'elles

1. Ces développements sur le manque de culture des conflits d'intérêts sont largement inspirés du rapport Terra Nova « Conflits d'intérêts : nouvelle frontière de la démocratie », coécrit avec Joël Moret-Bailly

ont de hautes responsabilités, que nos concitoyens. Responsables, dirigeants, hommes politiques ou hauts fonctionnaires en situation de conflit d'intérêts sous-estiment assez systématiquement l'impact de celui-ci sur l'altération de leur jugement et sur les décisions qu'ils prennent. Pourtant, les études de psychologie sociale sont très convergentes. Elles pointent l'existence d'un biais, qualifié d'optimiste, qui conduit à surestimer sa capacité à rester impartial en situation de conflit d'intérêts en se retranchant derrière les qualités d'intégrité et de probité. La transparence et la divulgation des informations sur les liens d'intérêt ne sont pas une réponse suffisante, car elles n'éliminent pas ce biais dans la prise de décision. Pour ce qui est du citoyen ordinaire, le manque de culture des conflits d'intérêts se reflète dans la tendance à amalgamer les situations de conflit d'intérêts et de corruption. Or, le trafic d'influence, la prise illégale d'intérêt ou la corruption sont des infractions pénales qui renvoient à des comportements délictueux des individus enfreignant la loi. Au contraire, les situations de conflit d'intérêts sont des situations objectives qui n'ont rien à voir avec l'honnêteté des personnes, mais qui peuvent néanmoins engendrer la suspicion en raison de l'amalgame qui est fait. Le conflit d'intérêts peut conduire à la corruption, mais ce glissement résulte de la volonté des individus concernés.

La réglementation et la loi peuvent traiter une partie des conflits d'intérêts, notamment ceux concernant les portes tournantes. Cependant, pour que les règles

---

et Hélène Ruiz Fabri, http://tnova.fr/rapports/les-conflits-d-interets-nouvelle-frontiere-de-la-democratie.

soient respectées, il faut que les acteurs que ces règles contraignent les aient intériorisées, qu'ils se les soient appropriées et qu'ils soient convaincus de leur bien-fondé. L'éducation aux valeurs éthiques et aux comportements déontologiques doit donc être renforcée. Cela passe par un enseignement spécifique. Il devrait être obligatoire et substantiel dans les secteurs particulièrement exposés aux conflits d'intérêts et au risque de dérapage éthique. C'est notamment le cas dans la haute fonction publique. Les enseignements existant de déontologie et d'éthique devraient être fortement accrus, et pas seulement sur les aspects théoriques. Seule la généralisation des études de cas est susceptible de dévoiler toutes les dimensions et tous les enjeux sociétaux liés aux conflits d'intérêts mal traités, et ainsi de forger dans notre haute administration une véritable culture des conflits d'intérêts[1]. Ces enseignements sensibiliseraient les futurs hauts fonctionnaires et décideurs privés sur les dangers de la délinquance en col blanc. Pour l'instant, ces enseignements éthiques en finance sont loin du compte. Au printemps 2018, avec trois collègues, nous avons diffusé en ligne un questionnaire à destination des enseignants de finance cherchant à déterminer si l'enseignement avait changé depuis la crise[2]. À la question : « Quelle importance

1. À notre connaissance, à ce jour, les enseignements de ce type sont insérés dans un module non noté à l'ENA ; les étudiants ont par ailleurs une journée de *debrief* après leur stage sur les problèmes déontologiques. L'absence de notation peut être interprétée comme un signal de la faible importance accordée à ce sujet par la direction de l'ENA.
2. Ce travail mené en collaboration avec l'Institut Veblen (Wojtek Kalinovski) par J. Couppey-Soubeyran, S. Serve, Y. Tadjeddine et moi-même a permis de recueillir 198 réponses entre le 23 mai et le 30 juin 2018.

accordez-vous dans vos cours à la thématique de l'éthique ? », les résultats sont sans équivoque. Dans 55 % des cas, la réponse est une faible importance, et seulement dans 22 % des cas une grande importance.

Un enjeu spécifique pour les formations en finance

Au-delà de cette question des conflits d'intérêts, les formations en finance devraient également se soumettre à une introspection salutaire. Aujourd'hui, les meilleures d'entre elles, ou celles reconnues comme telles, ne se concentrent que sur les aspects mathématiques et techniques de la finance. Elles désertent le terrain de l'impact de la finance sur la société. Elles négligent l'explicitation des liens entre une finance qui se représente comme une discipline scientifique, au même titre que la biologie ou la physique, et les autres disciplines, notamment de sciences sociales. Cette spécialisation technique extrême est une entrave majeure à l'émergence d'un sentiment de responsabilité chez les gestionnaires de la finance, car la technique est vécue comme neutre. Le potentiel performatif de la finance est totalement nié. Pourtant, la finance mathématique ne se contente pas de représenter le fonctionnement de la sphère financière : en retour, elle la modèle et la façonne.

L'enseignement de la dimension éthique, déontologique et morale des techniques, produits et pratiques financières a le potentiel d'impacter les comportements des futurs financiers. Cet enseignement doit donc être central dans les formations en finance. Il peut devenir un facteur de protection contre les dérives potentielles.

L'invention et la diffusion de nouveaux instruments financiers, la promotion de nouvelles technologies financières et la création de nouveaux marchés dérivés étaient considérés avant crise comme indiscutablement positifs. La crise a illustré que les innovations financières peuvent au contraire être destructrices. Ce fut évidemment le cas pour les produits de la finance structurée comme les CDO.

Consacrer du temps à former les étudiants en finance à une pratique réflexive sur leur futur métier serait un investissement socialement très utile, car protégeant des excès d'une finance tentée par le scientisme. Ce dernier est une idéologie prétendant que seule la science est légitime à parler du monde. La finance de marché, par la trop grande confiance accordée aux mesures mathématiques du risque et aux modélisations qui les fondent, par l'évacuation systématique du facteur humain, traduit bien une dérive scientiste marquée par l'illusion que tout est contrôlable par le calcul. La crise des subprimes, première crise née de l'ingénierie financière, est la fille de cette dérive scientiste. Chris Argyris et Donald Schön[1] ont fait de la pratique réflexive une protection contre l'excès de scientisme de métiers où les apports de la recherche scientifique ont une importance particulière. Les métiers de l'ingénieur, la médecine, l'ingénierie financière et la finance de marché sont donc des candidats désignés. La pratique réflexive signifie que le professionnel se prend comme objet de réflexion. La réflexivité consiste à prendre conscience de sa manière

1. C. Argyris et D.A. Schön *Theory in Practice : Increasing Professional Effectiveness*, San Francisco, Jossey-Bass, 1978.

d'agir, de son impact sur l'environnement, de l'interaction entre son action et le contexte général. Cette approche favorise le développement de la pensée analytique et de l'esprit critique, qualités largement évacuées des formations phares en finance.

Denis Dupré et Emmanuel Raufflet[1] ont examiné les programmes post-crise de trois institutions centrales en finance et ingénierie financière : l'École centrale de Paris, l'École polytechnique et l'École nationale supérieure d'informatique et de mathématiques appliquées de Grenoble (ENSIMAG). Selon ces auteurs, aucune de ces formations n'a tenté d'introduire la dimension éthique dans l'ensemble des cours techniques. Quitter les berges rassurantes des seules techniques financières pour s'engager dans des approches plus introspectives sur les métiers et pratiques de la finance changerait la représentation du monde des futurs financiers, et par là même leurs façons de faire. Si l'on admet cette assertion, ce type d'enseignement et la pratique réflexive dans les formations en finance deviennent des instruments de stabilité financière par l'inflexion des comportements qu'ils induisent.

1. D. Dupré et E. Raufflet, « L'enseignement de l'éthique en finance six ans après la crise : constats et perspectives françaises », *Revue éthique publique*, vol. 16, n° 2, 2014.

Chapitre 7

Desserrer l'étau de la capture : quelques propositions

La crise financière et ses conséquences économiques et sociales ont attisé les réactions populistes, « anti-establishment », qui sont parfois allées jusqu'à l'élection aux plus hautes responsabilités d'un de leurs porte-parole autoproclamés. Comble du paradoxe, Donald Trump est lui-même issu du monde des affaires et a annoncé, à peine élu, le détricotage des réglementations financières post-crise. La défiance populaire vis-à-vis des abus du capitalisme financier avait pourtant pris une tout autre forme aux États-Unis en 2011 avec le mouvement « Occupy Wall Street », qui dénonçait l'avidité et la corruption du capitalisme financier. L'expression populaire « Main Street contre Wall Street » en dit long sur le ressenti quant à l'antagonisme d'intérêts entre les classes populaires américaines et l'élite financière. Ailleurs, la défiance populaire et la volonté de rompre avec une finance débridée ont pris la forme de mouvements politiques clairement ancrés à gauche comme Podemos en Espagne, Syriza en Grèce ou les Insoumis en France. À l'autre bout de l'échiquier politique français, le Front national – devenu, au printemps 2018, Rassemblement national – exploite également à l'envi le discours anti-élites, jouant de l'amalgame facile et mortifère du « Tous pourris ». Quel que soit son caractère protéiforme, comme en témoignent d'une certaine manière les « Gilets jaunes », cette défiance populaire doit être prise au sérieux. Elle s'ancre dans un ressenti qui n'a rien du fantasme.

Le capitalisme financiarisé n'a clairement pas tenu ses promesses de prospérité pour tous. Le sentiment très prégnant qu'une large fraction de la population paie les coûts des dérives de la finance, alors qu'une fraction étroite en tire profit, nourrit un ressentiment populaire contre les « élites » accusées de tous les maux. Cette défiance ronge nos démocraties. Elle alimente le soupçon généralisé de connivence des sphères dirigeantes privées et publiques. Pour une part, elle est fondée. Ne pas la prendre au sérieux sous prétexte de faire le jeu des populismes de tous poils serait une erreur dramatique. Cette défiance porte les germes d'une désagrégation du lien social dont les effets peuvent être dévastateurs.

La porosité haute administration-finance : source de défiance

La réponse à cette défiance ne peut ni être simpliste, ni véhiculer une vision du monde en noir et blanc. Elle ne peut se résumer à l'érection de barrières étanches entre les sphères décisionnaires du politique, de la haute fonction publique et du privé. Elle doit être ambitieuse, combiner de multiples instruments et mesures, sans pour autant sombrer dans le manichéisme et la facilité des discours « y a qu'à »

Portes tournantes, capital social et pouvoir d'influence

Notre société permet, et souvent favorise, des trajectoires professionnelles non linéaires. Cette mobilité professionnelle touche tout particulièrement les positions à l'intersection des sphères dirigeantes privées et publiques. Au-delà des avantages pécuniaires qu'elles induisent, ces positions sont sources indéniables de pouvoir pour ceux qui les occupent. Que ce soit synchroniquement, *via* par exemple des conseils d'experts, ou diachroniquement, *via* les portes tournantes, les carrières professionnelles qui se construisent ainsi sont très valorisées et valorisantes. Le capital social – au sens de Bourdieu[1] – des personnes qui évoluent professionnellement dans cette zone d'« entre-deux » est généralement plus fort que celui du reste de la population. Ce capital social est protéiforme. Il se mesure en termes de réseau d'anciens élèves de grandes écoles, de réseau de personnes d'influence, ou prend la forme d'une connaissance fine des rouages de prises de décision dans l'administration. C'est précisément ce capital social, et donc ce potentiel d'influence, qui est recherché par les employeurs.

1. Le capital social selon Bourdieu désigne « l'ensemble des ressources actuelles ou potentielles qui sont liées à la possession d'un réseau durable de relations plus ou moins institutionnalisées d'interconnaissances et d'inter-reconnaissances ». P. Bourdieu, « Le capital social (Liminaire) », *Actes de la recherche en sciences sociales*, 1980, vol. 31, n° 1.

On qualifie de « pantouflage » le passage d'un fonctionnaire du public au privé. À l'inverse, des salariés du privé peuvent rejoindre un cabinet ministériel ou une autorité administrative indépendante chargée du contrôle d'un secteur économique dans lequel ils sont compétents. On parlera de *revolving doors*, ou « portes tournantes », quand la personne ne se contente pas d'un aller simple – quel que soit le sens –, mais opère des allers-retours entre le public et le privé. Ces pratiques sont très développées dans le secteur financier. Le vivier de départ, quand le point de chute se loge dans les instances dirigeantes de grandes institutions financières et bancaires, se trouve essentiellement dans les ministères du Budget ou des Finances, et principalement à la direction du Trésor... Ce cas de figure (aller-retour banque/finance-secteur public) nourrit davantage que pour d'autres secteurs la suspicion d'atteinte à l'impartialité et à la loyauté vis-à-vis de l'intérêt général. Pourquoi ? Pour deux raisons majeures. D'une part, le différentiel de salaires et les autres avantages financiers entre le secteur public et le secteur financier d'accueil génèrent des incitations objectives fortes et bien comprises au défaut de loyauté. D'autre part, le secteur de la banque et de la finance polarise une défiance populaire particulière en raison de sa responsabilité dans la crise financière et de la récurrence des scandales financiers qui l'affectent. Ces atteintes à l'éthique éclaboussent la réputation de l'ensemble du secteur, y compris d'acteurs qui ont tiré les leçons de la crise et infléchi en conséquence leurs comportements.

Les soupçons de capture cognitive et sociologique véhiculés par ces trajectoires professionnelles à la frontière des deux sphères privée et publique sont d'autant plus dommageables pour les institutions publiques que l'industrie régulée est perçue comme peu éthique et porteuse de risques pour la société. C'est pourquoi les conflits d'intérêts dans la banque et la finance doivent faire l'objet d'une attention particulière. Les risques économiques et financiers induits[1] et les coûts symboliques de délégitimation des régulateurs en cas d'occultation ou de non-traitement de ces conflits d'intérêts sont plus élevés que dans d'autres secteurs.

Plutôt que de faire la politique de l'autruche et de prétendre que parler des conflits d'intérêts et autres pratiques éthiquement contestables ne fait qu'attiser les braises des populismes, nous pensons au contraire qu'il faut prendre le problème à bras-le-corps. Ne pas éluder les questions qui dérangent est crucial. L'exigence éthique doit être d'autant plus forte que la personne est en position de haute responsabilité, car alors ses comportements n'affectent pas uniquement sa réputation personnelle, mais éclaboussent potentiellement les institutions qu'il est censé servir. C'est le positionnement que nous avons défendu dans le rapport Terra Nova « Conflits d'intérêts : nouvelle frontière de la démocratie[2] ». Ce rapport, publié en plein « Pénélopegate », a eu un certain écho quant à ses

---

1. Au début de la crise financière globale, il a fallu renflouer les banques et garantir les créances interbancaires ; les pertes étaient concentrées sur la banque de marché, dont les activités (portefeuille de trading, titrisation, activités sur dérivés...) étaient très sous-capitalisées. Comme nous l'avons précédemment montré, cette sous-capitalisation était largement le fruit d'un lobbying intense ayant conduit à vider de leur substance et de leur capacité de protection les réglementations en vigueur.

2. *Op. cit.*

propositions relatives à la vie politique. En revanche, aucune mesure spécifiquement ciblée sur les conflits d'intérêts entre le monde de la banque et de la finance et les sphères dirigeantes publiques n'a été prise.

Des avancées notables, mais insuffisantes…

Des avancées générales sur les conflits d'intérêts et l'éthique publique ont eu lieu, et il faut les saluer. Ainsi, en 2013, a été créée la Haute Autorité pour la transparence de la vie publique (HATVP). Ses missions sont de recevoir et contrôler les déclarations d'intérêts de l'ensemble des députés et sénateurs, des grands élus locaux, des collaborateurs du président de la République, des ministres et des présidents des assemblées ou des dirigeants d'organismes publics[1]. La HATVP peut se saisir des situations de conflit d'intérêts et, éventuellement, enjoindre à toute personne qui entre dans son champ de compétence (sauf le Premier ministre et les parlementaires) de faire cesser un conflit d'intérêts. Cette injonction peut être rendue publique et son non-respect est passible d'un an d'emprisonnement et de 15 000 euros d'amende. La HATVP peut être saisie par les personnes exerçant de hautes responsabilités publiques « sur les questions d'ordre déontologique qu'elles rencontrent dans l'exercice de leur mandat ou de leurs fonctions ». Elle rend alors des avis, qui ne sont pas rendus publics. La HATVP se prononce également sur « la compatibilité de l'exercice d'une activité libérale ou d'une activité rémunérée au

1. Pour davantage de détails, voir : http://www.vie-publique.fr/actualite/dossier/rub1979/transparence-vie-publique-autorite-independante-creation-recente.html.

sein d'un organisme ou d'une entreprise exerçant son activité dans un secteur concurrentiel conformément aux règles du droit privé avec des fonctions gouvernementales ou des fonctions exécutives locales [...] exercées au cours des trois années précédant le début de cette activité ».

La loi Sapin 2, votée en décembre 2016, a aussi scellé dans la loi des avancées très positives. Son titre premier, relatif à la lutte contre les manquements à la probité, a créé une agence de lutte contre la corruption. Elle est chargée de détecter la corruption, le trafic d'influence, la prise illégale d'intérêt, les détournements de fonds publics et le délit de favoritisme. Elle a également mis en place des dispositions de protection des lanceurs d'alerte. Le titre 2, relatif à la transparence des rapports entre les représentants d'intérêts (lobbyistes) et les pouvoirs publics, encadre davantage le lobbying. La loi a ainsi créé un répertoire numérique, rendu public par la HATVP[1], sur lequel les lobbyistes doivent désormais s'inscrire, fournir des informations sur leurs activités, leur budget et leur personnel. Néanmoins, ce registre ne permet pas de traçabilité de l'activité des lobbyistes. Il ne donne pas d'informations sur les rencontres entre un lobbyiste et un député ou un sénateur, un membre du gouvernement ou du Collège ou de la Commission des sanctions d'une autorité administrative indépendante comme l'AMF... À partir de 2018, les lobbyistes devront remettre un rapport d'activité. Malheureusement, son degré de détail n'ira

1. Haute Autorité pour la transparence de la vie publique, Rapport d'activité 2016, http://www.hatvp.fr/wordpress/wp-content/uploads/2017/04/RA2016.pdf.

pas jusqu'à rendre compte des amendements proposés par les lobbyistes aux députés, et déposés en leur nom lors des travaux législatifs.

Au niveau européen, en 2011, un accord entre le Parlement européen et la Commission a instauré un registre de transparence commun à ces deux institutions, mais l'inscription des lobbyistes y est facultative. Ce qui signifie que ne pas s'enregistrer ou y inscrire des informations erronées n'entraîne aucune sanction…

Une société civile qui veille et alerte

Des avancées notables ont donc eu lieu, mais elles ne sont pas à la hauteur des attentes sociales d'intégrité, d'impartialité, d'indépendance et de probité des représentants de l'intérêt général. En témoignent l'audience médiatique et l'influence sur l'opinion publique d'ONG spécialisées dans la dénonciation des conflits d'intérêts et dans les mises en garde quant à leurs effets délétères sur les institutions démocratiques. Anticor en France, Transparency International en France et dans beaucoup d'autres pays, Citizens for Responsibility and Ethics à Washington, Judicial Watch aux États-Unis, Corporate Europe Observatory à Bruxelles, toutes ces ONG ont participé à la prise de conscience collective des risques démocratiques induits par les conflits d'intérêts. La démocratie ne vit pas en pointillé, au moment des élections. Presse et ONG sont des contre-pouvoirs efficaces qui la font vivre en continu. Elles doivent être protégées dans leurs actions. Par leur activisme, par la dénonciation sans relâche de scandales ou d'actes éthiquement répréhensibles, elles ont contribué à faire bouger les lignes. Dans le même temps, et paradoxalement, l'audience acquise sur ces sujets entretient la suspicion. Ces ONG informent et réveillent la conscience citoyenne. Elles raniment ainsi la vie démocratique, mais attisent en même temps l'urgence à agir.

Desserrer l'étau de la capture

Au-delà des mesures déjà préconisées dans cet ouvrage, c'est la combinaison de plusieurs dispositions dont l'efficacité se valorise mutuellement qui pourrait desserrer suffisamment l'étau de la capture.

La transparence

La divulgation des informations est la réponse la plus fréquente aux conflits d'intérêts. L'idée est que, si le conflit d'intérêts potentiel est révélé, cela va infléchir les comportements dans un sens vertueux et disciplinant. Cette transparence accrue devrait concerner tant les liens d'intérêt que les trajectoires professionnelles quand elles se caractérisent par des allers-retours entre des fonctions décisionnaires publiques et privées dans le secteur financier. Un registre public consultable par tous directement sur internet devrait consigner les informations relatives au devenir des hauts fonctionnaires et des membres de cabinets qui pratiquent les portes tournantes.

Mais la divulgation accrue de l'information peut avoir un effet pervers. Si la collecte de ces informations était ainsi renforcée, le risque serait alors que cette nouvelle transparence informationnelle crée l'illusion que les conflits d'intérêts sont gérés. Or, l'information ne vaut et ne peut acquérir un pouvoir disciplinant que si elle est traitée, analysée, et surtout si elle peut servir de base à d'éventuelles sanctions ou mises en demeure. L'accroissement des exigences de transparence doit donc s'accompagner d'un net renforcement des moyens de la HATVP et de l'agence de lutte contre la corruption créée par la loi Sapin 2. Ces moyens décuplés doivent concerner les capacités tant de collecte que de traitement de l'information. Ils doivent être associés à des pouvoirs également renforcés en matière d'enquête et de sanctions.

Promouvoir une supervision en partie ciblée sur la culture d'entreprise en matière de conflits d'intérêts

Une étude de Dennis Veltrop et Jakob de Haan[1] déjà évoquée a mis empiriquement en évidence un canal de la capture passant par l'identification sociale des superviseurs, ayant précédemment exercé dans le secteur financier, aux normes sociales du monde de la finance. Ces auteurs ont montré que cette identification sociale nuit à la qualité de la supervision, mais qu'une identité professionnelle forte des superviseurs peut contrebalancer ce type de capture très insidieux. Ils proposent donc de stimuler cette identité professionnelle *via* la mise en place de groupes professionnels de superviseurs financiers et la promotion de l'affiliation à ces groupes professionnels.

La promotion d'une supervision en partie centrée sur les processus de prises de décision et sur la culture

1. D. Veltrop et J. de Haan, *op. cit.*

de l'institution en matière de risques et de conflits d'intérêts est également une évolution souhaitable. Alors que la supervision traditionnelle se focalise sur des données financières, la banque centrale des Pays-Bas est la première banque centrale qui cible dans sa supervision la culture et le comportement comme facteurs de risque. La manière dont sont traités les conflits d'intérêts dans l'organisation bancaire ou financière et les incitations perverses qu'ils génèrent font évidemment partie de cette nouvelle dimension de la supervision. Or, analyser les risques culturels et comportementaux qui peuvent porter atteinte à la réputation et à l'intégrité de l'institution supervisée exige une expertise, des connaissances et des compétences différentes de celles requises pour la supervision traditionnelle. Des psychologues du management et des experts en gestion du changement organisationnel ont donc été embauchés.

Cette inflexion très souhaitable des pratiques en matière de supervision est en ligne avec les résultats d'une étude d'économie expérimentale publiée dans la revue *Nature* en 2014, laquelle s'intéressait à la façon dont les identités professionnelles peuvent contribuer à construire des comportements plus ou moins éthiques. La « théorie économique des identités » part de l'idée que les individus se définissent par des identités multiples : genre, ethnique, professionnelle, et que chaque identité est associée à des normes sociales spécifiques définissant les comportements admissibles. Dans une situation donnée, les comportements des individus peuvent donc changer en fonction de l'identité « saillante » ou dominante du moment. Cela signifie que, si la culture bancaire favorise les comportements malhonnêtes, il est possible de les susciter en rendant dominante ou saillante dans l'expérience l'identité professionnelle des individus. C'est précisément le protocole suivi. L'étude porte sur un échantillon de 128 employés d'une grande banque internationale. Elle a montré que la culture d'entreprise prévalant dans l'industrie bancaire affaiblit les normes éthiques des individus[1]. Cette caractéristique ne se retrouve pas dans d'autres secteurs d'activité… L'expérience a écarté l'hypothèse que ce soient des individus ayant intrinsèquement des normes éthiques plus faibles qui choisissent de travailler dans le secteur bancaire. En effet, les employés de banques se comportent comme les autres groupes de contrôle quand leur identité professionnelle n'est pas leur identité saillante. Cette prévalence de normes sociales favorables au relâchement éthique doit être combattue. L'une des mesures suggérées par les auteurs pour contrer ces normes sociales propres à l'industrie bancaire serait d'obliger les professionnels de la banque à prêter serment, sur le modèle du serment d'Hippocrate. Un tel serment, associé à des formations obligatoires sur les sujets éthiques, pourrait infléchir l'identité professionnelle des salariés de banque dans un sens plus conforme à l'éthique. Ces formations viseraient à susciter une réflexion sur l'impact pour la société de leur activité, et non pas seulement sur les bénéfices à court terme qu'elle génère. Un tel changement des normes nécessite évidemment que les institutions financières suppriment

1. A. Cohn, E. Fehr et A. Maréchal, « Business culture and dishonesty in the banking industry », *Nature*, 516, 2014.

les incitations qui récompensent les comportements non éthiques dès lors qu'ils engendrent des profits.

Ouverture des espaces décisionnels, traçabilité des prises de décision publique et soutien au contre-lobbying technique

Le lobbying souffre d'une mauvaise réputation alors même qu'il joue un rôle croissant dans la prise de décision publique[1]. De nouveau, l'efficacité des réponses à apporter au déséquilibre des forces dans l'influence sur la prise de décision publique ne doit pas verser dans le manichéisme et la facilité. La posture équilibrée de Transparency International nous semble la bonne. Quand le lobbying est clair et transparent, « il peut contribuer à apporter aux décideurs publics des éléments d'information et de compréhension sur des questions toujours plus complexes. Cela est d'autant plus vrai dans un contexte d'inflation législative, avec des lois souvent élaborées dans l'urgence. *A contrario*, un lobbying non régulé peut entraîner des abus, dont il peut résulter des décisions répondant plus à des intérêts particuliers privés qu'à l'intérêt général, des coûts indus pour la collectivité et une altération grave de la confiance des citoyens envers leurs élus et leurs institutions[2] ». Les garde-fous mis en avant par l'ONG pour contrer ces dérives sont notamment l'équité et

1. Nicolas Hulot en a fait l'une des raisons majeures de sa démission du ministère de l'Environnement, mais le ministre de l'Économie et des Finances est évidemment soumis aux mêmes pressions constantes des lobbies et à leur immixtion dans les prises de décision publique sur les affaires relatives à la finance.
2. Transparency International France, « Transparence et intégrité du lobbying : un enjeu de démocratie », 2014, p. 4, https://

la traçabilité des prises de décision publique. L'équité dans l'accès aux décideurs publics implique de promouvoir des consultations publiques plus équilibrées. Celles-ci devraient permettre l'expression de points de vue pluriels, contradictoires et représentatifs d'intérêts divergents avant les prises de décision publique et dans le cadre du travail législatif. La traçabilité signifie savoir comment la prise de décision s'est opérée. Quels intérêts ont été entendus ? Quels arguments ont été avancés ? Ont-ils été soumis à la contradiction ? Quels ont été les fondements des arbitrages retenus ?

Sur le respect de ces deux critères, le chemin à parcourir par la France reste long… En témoignent les conditions ayant prévalu à l'adoption de la loi dite de séparation des activités bancaires. Le titre explicite choisi par Transparency International pour l'étude de cas concernant l'adoption de cette loi parle de lui-même : « Une écoute déséquilibrée des acteurs, un lobbying connecté au pantouflage[1] ». La lecture de cette étude de cas est en effet édifiante quant au déséquilibre des forces ayant eu accès au législateur dans la phase du travail législatif. Il est ainsi explicité à quel point le lobbying s'est fait très en amont de la présentation de la loi et s'est appuyé sur d'anciens hauts fonctionnaires « pantouflant » dans le secteur bancaire. Il est par ailleurs rappelé que seules cinq auditions ont été menées par la Commission des finances, pour dix personnes auditionnées au total. Parmi elles, six personnes s'étaient publiquement exprimées contre la séparation :

---

transparency-france.org/wp-content/uploads/2016/04/Rapport-Lobbying-en-France_Octobre-2014.pdf.

1. P. 23-27 du rapport précité.

trois dirigeants bancaires, le secrétaire général de l'ACP, le gouverneur de la Banque de France et le ministre de l'Économie. Seuls trois partisans d'une séparation véritable ont été publiquement entendus : deux universitaires, et le secrétaire général de Finance Watch. En termes d'équilibre du débat démocratique, l'appréciation « peut mieux faire » est très en dessous de la réalité… À titre de comparaison, 185 auditions publiques ont été menées par la commission Vickers, en charge d'une loi visant également la séparation des activités bancaires, au Parlement britannique.

Nous souscrivons à la plupart des recommandations formulées par Transparency International, mais certaines nous paraissent plus importantes et structurantes que d'autres. Parmi les différentes propositions, la priorité nous semble devoir être donnée à celles-ci :

– Rendre obligatoire l'organisation d'un processus transparent de consultation publique favorisant la représentation de la société civile dans les différentes dimensions associées au projet de loi en préparation.

– Rendre obligatoire la publication du contenu des plaidoyers reçus par les décideurs publics. La complexité des sujets est l'un des vecteurs les plus performants de capture du législateur quand aucun contre-argumentaire technique n'est disponible. Le législateur ne peut être spécialiste de pointe de tous les sujets qu'il traite. Le « jargonnage » technique fait partie du B.A.-BA des techniques d'enfumage de nos parlementaires.

– Rendre publics les amendements rédigés par les lobbyistes, proposés aux parlementaires et repris à leur compte par ces derniers. Un décompte de ces amendements « clef en main » pourrait d'ailleurs être fait pour chaque parlementaire.

– Faire publicité quand il est avéré que des arguments faux, biaisés, non actualisés, sont avancés par les représentants d'intérêts comme base de leur plaidoyer. Le président Macron s'est déclaré en faveur d'une loi sur les *fake news* en période électorale. La lutte contre ces informations mensongères, quand elles sont factuelles et donc opposables, doit s'étendre au processus de lobbying pré-législatif.

– Publier la liste de toutes les personnes et organisations consultées lors de la préparation d'un rapport et/ou d'un texte de loi, ainsi que les dates et la durée de ces rencontres. Le travail de lobbying ne se résume pas à la face émergée de l'iceberg que sont les auditions publiques. Son efficacité s'éprouve surtout lors de rencontres plus informelles qui préparent le terrain et passent largement sous le radar.

Ces propositions visent à rééquilibrer les forces en présence dans l'élaboration de la décision publique sur des sujets qui certes intéressent au premier chef les industries et secteurs concernés, mais qui sont aussi potentiellement générateurs d'effets négatifs subis par l'ensemble de la collectivité. Il s'agit donc de laisser un espace à un plaidoyer représentant les intérêts de la société dans son ensemble. Les différents points de vue doivent pouvoir être défendus autour de chaque question, et pas seulement la position de ceux qui disposent des moyens financiers de cette activité.

Dans cette perspective, il est indispensable de subventionner le « contre-lobbying » technique représentant les intérêts de la société. Pourquoi ne pas laisser le financement de ce type de plaidoyer se faire selon les règles du marché ? La raison est très simple : elle relève de l'économie publique de base. Les coûts inhérents au financement du lobbying pro-industrie sont concentrés sur l'industrie elle-même. Les bénéfices qui en résultent en termes de réglementations allégées et de perspectives de profit plus fortes sont accaparés par l'industrie, donc par le financeur. Il n'y a donc pas de problème d'incitations au financement de ce type de lobbying. Les sommes et ressources mobilisées par l'industrie peuvent être considérables, car le retour sur investissement ne l'est pas moins. Il en va tout autrement quand le plaidoyer que l'on peut assimiler à du contre-lobbying produit des bénéfices – en termes de réglementations plus protectrices de l'intérêt général – qui sont dispersés sur la société dans son ensemble. Quand les bénéfices du contre-lobbying sont difficilement appropriables et non valorisables en termes pécuniaires, son financement n'est pas aisé. Si une ONG parvient à faire interdire un produit dangereux pour la santé, tous les citoyens bénéficient de cette interdiction, qu'ils aient financé l'ONG ou non. Cela crée un problème bien connu de « passager clandestin ». Chacun a intérêt à ce que l'ONG ait des moyens suffisants pour faire interdire le produit nuisible, mais chacun compte sur les autres pour la financer. Pourquoi ? Parce que personne ne peut être exclu du bienfait que représente l'interdiction du produit dangereux… Cet argument de non-exclusion d'usage justifie que les biens publics, comme la défense nationale, soient financés par l'impôt et non par des contributions volontaires, afin d'éviter une sous-production d'un bien public. Le marché est incapable de donner un prix et de financer suffisamment les activités productrices d'externalités positives. Cet écart entre l'intérêt collectif et l'intérêt individuel est typiquement une situation qui nécessite l'intervention publique, d'où la proposition de financer sur fonds publics, donc de subventionner suffisamment le contre-lobbying technique pour la défense de l'intérêt collectif.

Le cas de Finance Watch est emblématique[1] de ce besoin d'un contre-pouvoir technique et crédible au lobby du secteur financier. Finance Watch a contribué sur des sujets très techniques à mettre en exergue les pathologies de la finance débridée, les failles dans les réglementations financières et dans les législations en gestation susceptibles de favoriser une nouvelle crise financière. Ce contre-lobbying technique est essentiel à une démocratie vivante dans laquelle les intérêts de la société doivent être représentés face à la puissance des lobbies économiquement et socialement – voire politiquement – les plus importants. Mais la nécessité de mener en permanence une recherche active de financements ponctionne les forces vives de cette ONG, déjà très sous-dimensionnées comparées aux forces du lobby bancaire et financier[2].

1. En toute transparence, nous signalons au lecteur que l'auteur de cet ouvrage est membre qualifié de Finance Watch, ce qui n'implique aucun lien financier. Les membres qualifiés ne sont pas rémunérés. Ils paient au contraire leur cotisation ! Les membres qualifiés participent à l'élaboration des positions de Finance Watch, mais n'ont pas le droit de s'exprimer au nom de l'organisation.
2. Sur ce point précis de la quantification des forces en présence, se référer aux développements faits dans le chapitre 4 sur les canaux de la capture.

Les arguments avancés ici en faveur d'un soutien à un contre-lobbying technique valent évidemment pour d'autres secteurs que celui de la finance. Tous les sujets complexes à forte dimension technique nécessitant un savoir très spécialisé et ayant de fortes implications collectives et sociales sont bien sûr concernés : santé, climat, normes environnementales, sanitaires, etc.

S'attaquer aux portes tournantes

Dans son rapport sur le naufrage de Dexia[1], la Cour des comptes a dénoncé la responsabilité des dirigeants de la banque (Pierre Richard et Axel Miller) et pointé leur incompétence. Elle a recommandé d'interdire les indemnités de départ pour les fonctionnaires devenus cadres dirigeants d'entreprises publiques ou privées soutenues par des fonds publics, et de remettre en cause la possibilité pour ces fonctionnaires de réintégrer la fonction publique.

Dexia avait été fondé et dirigé plus de vingt ans par un ancien haut fonctionnaire, Pierre Richard. Celui-ci arrive à l'Élysée à trente-trois ans, en 1974. Il est alors en charge des dossiers des collectivités locales et de l'aménagement du territoire. Quatre ans plus tard, il est directeur général des collectivités locales au ministère de l'Intérieur. En 1983, il prend la tête de la Caisse d'aide à l'équipement des collectivités locales, un organisme de la Caisse des dépôts qu'il transforme en Crédit local de France. Après sa privatisation, il en devient le président-directeur général et, en 1996,

1. Cour des comptes, *Dexia, un sinistre coûteux, des risques persistants*, juillet 2013, http://www.ccomptes.fr/Publications/Publications/Dexia-un-sinistre-couteux-des-risques-persistants.

il organise sa fusion avec le Crédit communal de Belgique (CCB). Il prend alors la direction de cette nouvelle entité – Dexia –, avec l'ambition d'en faire un leader du secteur. Pour ce faire, il lance la banque dans les activités de crédits indexés sur les produits dérivés. Ces fameux emprunts toxiques plomberont les finances de nombre de collectivités locales... La Cour des comptes pointe donc la situation de ceux qui ont failli et dont la réintégration dans la fonction publique en toute impunité est choquante.

Au-delà de ces cas relativement consensuels se pose la question plus générale de la réintégration dans la fonction publique de ceux qui ont « pantouflé ». Pourquoi ? Car, comme nous l'avons montré précédemment, les portes tournantes sont un canal puissant de capture.

Une solution radicale serait de ne permettre que des « allers simples », c'est-à-dire qu'un haut fonctionnaire qui décide de continuer sa carrière dans la banque ou la finance démissionne de la fonction publique. Indéniablement, cela contribuerait à massivement réduire les risques de conflits d'intérêts dans la sphère politico-administrative. Mais des solutions plus nuancées pourraient néanmoins se révéler efficaces[1].

Une première option serait qu'un fonctionnaire ne puisse pas revenir dans son corps d'origine, s'il a un quelconque lien avec le secteur dans lequel il a exercé l'activité pour laquelle il l'avait quitté. Ainsi, un inspecteur des finances qui a pantouflé dans une banque

1. Ces options reprennent celles développées dans le rapport de Terra Nova coécrit avec J. Moret-Bailly et H. Ruiz Fabri, « Conflits d'intérêts : nouvelle frontière de la démocratie », mais qui n'étaient pas spécifiquement ciblées sur la sphère bancaire et financière.

ne devrait pouvoir revenir ni à Bercy, ni à la Banque de France, ni à l'ACPR, ni à l'AMF. La réintégration pourrait s'opérer, mais dans un autre ministère, un autre corps. Une telle proposition présente un coût important pour ceux qui auraient à s'y soumettre, en raison des primes dont bénéficient certains corps et ministères et de leur prestige. Mais c'est le prix à payer pour être allé pantoufler dans un secteur très rémunérateur. Un tel dispositif offrirait l'avantage de favoriser la mobilité des compétences au sein de la haute administration, mobilité hautement valorisée quand il s'agit de passer du public au privé.

Moins radical serait d'imposer des délais de viduité assez longs entre les fonctions privées et publiques quand elles s'inscrivent dans le même « secteur », afin de « désactiver » les carnets d'adresses et d'affaiblir suffisamment les mécanismes bien connus d'identification culturelle et sociale. *A contrario*, un banquier pourrait intégrer le secteur public, y compris dans des fonctions de régulation, sans délai de viduité particulier dès lors que les nouvelles fonctions ne concernent pas le secteur d'où il vient. Ainsi, le retour dans une fonction publique de François Villeroy de Galhau n'aurait éveillé aucun soupçon de conflit d'intérêts s'il avait intégré un poste attaché au ministère du Travail, de la Santé ou de la Culture… Cette proposition d'un retour sans contrainte dans un poste très éloigné du secteur où le haut fonctionnaire a pantouflé présente l'intérêt de promouvoir une mobilité inter-administrations propice aux échanges et à la diffusion des meilleures pratiques dans des sphères encore trop cloisonnées !

Le recours au pénal

Pierre Lascoumes et Carla Nagels, dans un ouvrage consacré aux élites délinquantes, s'interrogent sur l'écart existant entre la multiplication des scandales financiers, la stigmatisation médiatique qu'ils induisent et la faiblesse des sanctions pénales encourues par les acteurs de ces fraudes, manipulations ou autres transgressions de la loi. Ils définissent l'objet de leur recherche comme « les transgressions de normes spécifiques liées à l'exercice d'une fonction de responsabilité publique ou privée et commises à titre individuel ou collectif par une instance dirigeante[1] ». Ce faisant, ils s'inscrivent dans la continuation et l'approfondissement des travaux fondateurs d'Edwin Sutherland[2], père du concept de délinquance en col blanc. Celui-ci, dès la fin des années 1940, expliquait que les pratiques transgressives des entreprises reposent sur des mécanismes dissimulés du type manipulation comptable, rapports d'activité contrefaits, collusion, dissimulation de la toxicité de produits, dissimulation d'expertises… D'évidence, ces mécanismes n'ont pas pris une ride. La définition de Lascoumes et Nagels inclut *de facto* la plupart des scandales (vente à grande échelle de produits financiers toxiques, système d'évasion fiscale organisée, manipulation du Libor, Euribor, Forex, etc.)

1. P. Lascoumes et C. Nagels, *Sociologie des élites délinquantes. De la criminalité en col blanc à la corruption politique*, Armand Colin, 2014, p. 15.
2. E. Sutherland, *White Collar Crime : The Uncut Version*, Yale University Press, New Haven & Londres, 1983 [1949].

qui éclaboussent les grandes banques systémiques internationales.

En dépit de l'indignation citoyenne que ces révélations suscitent, ces déviances sont assez rarement sanctionnées pénalement, contrairement aux atteintes aux personnes et aux biens. Pourtant, les préjudices pécuniaires sont souvent beaucoup plus lourds que dans les cas d'atteinte aux biens. Le contact, direct ou non, entre les auteurs des faits illégaux et les victimes est un élément important expliquant ce traitement différencié des illégalismes. Les cas de délinquance en col blanc se caractérisent le plus souvent par l'absence de contact direct entre les auteurs et ceux qui en sont, en dernière instance, les victimes. Quand la société dans son ensemble est *in fine* la victime – *via*, par exemple, les pertes de rentrées fiscales dans les affaires d'évasion fiscale ou les dépenses publiques de soutien aux institutions financières –, les actes délictueux semblent gagner en abstraction. Ils bénéficient d'une sorte de déni collectif quant à leur gravité.

Pierre Lascoumes et Carla Nagels rappellent que le traitement plus ou moins répressif de la délinquance en col blanc est directement lié à l'évolution du contexte économique et politique ainsi qu'à l'intérêt de l'État. Le contexte était beaucoup moins permissif après la crise de 1929 et dans les années de contestation qui ont suivi mai 68. En revanche, la période qui s'ouvre à partir de 1980, marquée par le néolibéralisme thatchérien et reaganien, imprime une inflexion inverse. Ainsi les deux auteurs écrivent-ils : « La droite néolibérale [...] a prôné et fait progresser le mouvement de dépénalisation des activités économiques et mis en œuvre une dérégulation concrète par la diminution drastique des budgets des agences de contrôle et une diminution de leurs pouvoirs[1]. » Le néolibéralisme a donc affaibli les défenses immunitaires de nos sociétés contre la délinquance en col blanc tout en créant les conditions de sa prolifération. Ce mouvement général de dépénalisation de la vie des affaires est arrivé plus tard en France, mais il est aujourd'hui très avancé, selon les auteurs. Il est conforté par le fait que les commissions des sanctions de l'ACPR et de l'AMF permettent de filtrer les cas de délits financiers qui se règlent de manière administrative de ceux qui parviennent jusqu'à la justice pénale. Ces interfaces en amont de la sphère pénale constituent des verrous efficaces qui évitent souvent le stigmate judiciaire.

Or, le droit pénal remplit une fonction symbolique forte en fixant le curseur entre les déviances socialement acceptables, qui ne nuisent pas à la cohésion sociale, et les autres, qui doivent être poursuivies pénalement. En termes de cohésion sociale, la sanction pénale est tout autant dirigée vers le délinquant que vers les « honnêtes gens », c'est-à-dire ceux qui adhèrent et se conforment aux normes sociales. Ces derniers se voient confortés dans leurs convictions par la sanction pénale du délit. Le droit pénal indique donc clairement la ligne jaune à ne pas franchir dans une société. Les comportements qui y sont soumis sont ceux que la société souhaite éradiquer. Au contraire, la non-pénalisation de comportements sociaux déviants est perçue comme une tolérance de la société à leur égard. La rareté des poursuites pénales dans les cas de

1. P. Lascoumes et C. Nagels, *op. cit.*, p. 205.

délits financiers alimente la défiance et affaiblit nos institutions démocratiques. Le ressentiment populaire contre les « élites » financières se nourrit du « deux poids, deux mesures » en matière de répression et d'un sentiment d'impunité des délinquants en col blanc. Cet état de fait est particulièrement visible dans la banque, où en règle générale la personne morale s'acquitte des sanctions pécuniaires, et non les personnes physiques ayant pris les décisions répréhensibles. Cette déresponsabilisation des personnes décisionnaires est extrêmement pernicieuse en termes d'incitation à une moralisation des comportements dans la finance.

À notre grande surprise, l'idée selon laquelle seules les sanctions d'emprisonnement et d'interdiction d'exercice professionnel peuvent avoir un pouvoir disciplinant est ressortie de la quasi-totalité des entretiens que nous avons menés préalablement à la rédaction du rapport coécrit avec Joël Moret-Bailly et Hélène Ruiz Fabri sur les *Conflits d'intérêts*. C'est précisément pourquoi nous avons affirmé que « le seul moyen de produire une régulation efficace des conflits d'intérêts intentionnels réside dans la sanction pénale effective des personnes physiques qui violeraient les règles en la matière ». Tout en soulignant que « la répression des conflits d'intérêts ne vise, en l'état actuel du droit, que les comportements intentionnels. Il n'est donc pas possible, et nous ne le préconisons pas, de sanctionner une personne du fait de sa situation objective de conflit d'intérêts, la répression étant limitée à la personne qui choisit de participer à un processus décisionnel prohibé en se trouvant en situation de conflit d'intérêts ». Cette réhabilitation du droit pénal pour les délits graves commis dans l'industrie bancaire et financière doit, à notre sens, ne pas se limiter à ceux induits dans une situation de conflit d'intérêts. Le populisme se nourrit des scandales financiers en tout genre qui ponctuent l'actualité. Une inflexion vers des sanctions personnelles plus fortes de ceux qui prennent intentionnellement des décisions financières délictueuses doit faire partie de l'arsenal de lutte contre les forces centrifuges qui minent nos démocraties.

Gageons que nos représentants politiques nationaux prennent conscience que le sentiment d'une impunité pour ce type de délit attise – à raison – la défiance populaire à l'égard de ceux qui sont en position de haute responsabilité et qui en bénéficient. L'impunité délégitime et affaiblit notre démocratie. Il est donc de l'intérêt de l'État, aujourd'hui, de donner des gages et d'envoyer des signaux clairs quant au franchissement des limites éthiques que la société ne tolère plus.

Conclusion

En 1978, le psychiatre américain Frank Ochberg désigna comme « syndrome de Stockholm » la sympathie, voire l'identification, d'un otage à son ravisseur. Pour la petite histoire, le nom donné à ce syndrome est lié à l'épisode au cours duquel il s'est manifesté. En août 1973, à l'issue d'une prise d'otage de six jours dans une banque de la capitale suédoise, les victimes prirent fait et cause pour leurs ravisseurs au moment de leur arrestation ainsi qu'au cours du procès. Le syndrome de Stockholm est donc la relation étrange, apparemment paradoxale, d'empathie qui lie certaines victimes à leur bourreau. Plus la prise d'otages est longue, plus le risque que survienne le syndrome augmente. Les psychologues insistent sur le fait qu'il se produit quand le ravisseur a la capacité de conceptualiser politiquement et idéologiquement une justification de ses actes aux yeux de ses victimes et quand il ne manifeste aucune haine particulière à leur égard. Les victimes peuvent alors prendre une posture de justification des agissements de leur geôlier en rejetant la faute sur des causes extérieures. Le gouvernement, les inégalités socio-économiques ou les injustices sociales peuvent légitimer aux yeux de la victime les actes du ravisseur. Le syndrome de Stockholm est donc un mécanisme d'ascendant psychologique qui annihile toute combativité des victimes, dissout leur capacité d'autodéfense et conduit à une soumission volontaire.

La relation ambiguë et paradoxale que nos élites politico-administratives entretiennent avec la finance présente une étrange similitude avec ce syndrome de Stockholm. Cette capacité d'influence idéologique de la finance et l'affaiblissement des capacités d'autodéfense de la société qui en résulte s'apparentent à de la fascination, à cet attrait irrésistible et paralysant d'un prédateur sur sa proie. Syndrome de Stockholm, fascination, emprise – peu importe le qualificatif désignant l'ascendant de la finance sur nos dirigeants. Il finit par paralyser la société et neutraliser toute velléité de réforme en profondeur de la finance.

Comme nous l'avons vu, les ressorts de cette capture sont protéiformes. Certains sont très apparents et bien identifiés, d'autres sont plus insidieux, plus pervers, car plus difficiles à cerner, quantifier et donc dénoncer. La représentation de la finance et de son rôle dans l'économie véhiculée dans l'enseignement supérieur fait partie de ces facteurs d'emprise d'autant plus puissants qu'ils restent invisibles. Force est de constater que les leçons de la crise financière n'ont pas suffisamment irrigué les programmes. Leur inertie et les représentations de la finance qu'ils charrient sont remarquables. Elles constituent un facteur clef favorisant la persistance de l'emprise de la finance sur nos futurs dirigeants privés et publics. Ce constat affligeant incite à étendre la préconisation d'une analyse réflexive aux enseignants-chercheurs en économie et finance…

La capacité persistante de la finance à contrer toute réforme d'envergure permettant d'accompagner efficacement les impératifs économiques de financement de la transition écologique, de maîtrise du risque systémique, de lutte contre des inégalités devenues destructrices de lien social, interroge le citoyen. Elle devrait également interpeller l'économiste. La persistance de cette emprise entrave aussi la lutte contre la défiance populaire qui ronge la légitimité de nos institutions démocratiques. C'est pourquoi desserrer l'étau de la capture est un enjeu crucial non seulement d'un point de vue économique, mais également d'un point de vue politique.

Nous avons proposé dans cet ouvrage des voies de réforme pensées dans une optique holiste comme devant se valoriser et se renforcer mutuellement. Elles ne sont évidemment pas à même de lutter efficacement contre l'hypertrophie de la finance et ses dérives. Elles ne prétendent pas promouvoir à elles seules un retour progressif de la sphère financière vers ses fonctions de base de financement de l'économie réelle, d'évaluation et de répartition des risques et de transfert intertemporel des ressources. Pourtant, elles sont indispensables à un déverrouillage de la fascination que le monde de la finance exerce sur nos « élites ». Les mesures que nous préconisons agiront en amont. Elles sont le préalable à toute réforme en profondeur de la banque et de la finance.

Remerciements

Tous mes remerciements à Catherine Blum pour n'avoir cessé de m'inciter à écrire cet ouvrage.

Bibliographie

Introduction

Aglietta M. et Scialom L., « Vers une nouvelle doctrine prudentielle », *Revue d'économie financière*, n° 48, 1998

Aglietta M., Scialom L. et Sessin T., « The Development of a European Prudential System », *Revue d'économie financière*, n° 60, 2001

Béranger A., Couppey-Soubeyran J. et Scialom L., « L'Union bancaire : le temps joue contre nous », *Note Terra Nova*, 26 mars 2014, http://tnova.fr/etudes/union-bancaire-le-temps-joue-contre-nous

Black W., *Une fraude presque parfaite*, Éditions Charles Léopold Mayer, 2012

Couppey-Soubeyran J., Scialom L., Serve S. et Tadjeddine Y., « Dix ans après la crise financière, comment enseigne-t-on la finance ? », *Note de l'Institut Veblen*, décembre 2018, https://www.veblen-institute.org/Dix-ans-apres-la-crise-financiere-comment-enseigne-t-on-la-finance.html

Gayraud J.-F., *La Grande Fraude*, Odile Jacob, 2011

Gayraud J.-F., *Le Nouveau Capitalisme criminel*, Odile Jacob, 2014

Gayraud J.-F., *L'Art de la guerre financière*, Odile Jacob, 2016

Geneva Reports on the World Economy 5, « Conflicts of Interest in the Financial Services Industry : What Should We Do about Them ? », 2003

Giraud G. et Scialom L., « Vous avez dit Liikanen ? Chiche ! », *Note Terra Nova*, 28 février 2013, http://tnova.fr/etudes/pour-une-reforme-bancaire-plus-ambitieuse-vous-avez-dit-liikanen-chiche

Guttentag J.M. et Herring B.J., « Disaster myopia in international banking », *Essays in International Finance*, n° 154, septembre 1986

Moret-Bailly J., Ruiz Fabri H. et Scialom L., « Conflits d'intérêts : nouvelle frontière de la démocratie », 3 février 2017, http://tnova.fr/rapports/les-conflits-d-interets-nouvelle-frontiere-de-la-democratie

Morin F., *L'Hydre mondiale. L'oligopole bancaire*, Lux éditeur, 2015

Oreskes N. et Conway E., *Les Marchands de doute*, Le Pommier, 2014 (1re édition version originale 2010)

Scialom L., « Banque centrale européenne et prêteur en dernier ressort », *Revue française d'économie,* vol. 6, n° 1, 1991

Scialom L., « Quel système d'assurance dépôts pour la future Union monétaire européenne : quelques propositions », *Revue française d'économie*, vol. 8, n° 1, 1993

Scialom L., « Les conglomérats financiers : un défi prudentiel », *Revue d'économie financière*, n° 39, 1997

Scialom L., « Pour une approche holiste du filet de sécurité financière en Europe : quelques arguments », *Revue d'économie politique*, vol. 117, n° 4, 2006

Scialom L., « Pour une politique d'actions correctives précoces dans l'Union européenne : les carences institutionnelles et légales », *Revue d'économie financière*, n° 89, 2007

Scialom L., « Les propositions du European Shadow Financial Regulatory Committee sur l'action corrective précoce en Europe : une analyse critique », *Revue économique*, vol. 58, pp. 1127-1138, 2007

Scialom L. *et al.*, « D'un capitalisme financier global à une régulation financière systémique », *Rapport Terra Nova*, 7 juillet 2011, http://tnova.fr/rapports/d-un-capitalisme-financier-global-a-une-regulation-financiere-systemique

Scialom L. et Tadjeddine Y., « Banques hybrides et réglementation des banques de l'ombre », *Note Terra Nova*, 17 novembre 2014, http://www.tnova.fr/note/banques-hybrides-et-r-glementation-des-banques-de-l-ombre

Scialom L., « Union bancaire – Réforme de la structure des banques : la tentation de l'autruche », *Note Terra Nova*, 5 novembre 2014, http://www.tnova.fr/note/union-bancaire-r-forme-de-la-structure-des-banques-la-tentation-de-l-autruche

Scialom L., « Union bancaire inachevée : danger », *Note Terra Nova*, 5 avril 2016, http://tnova.fr/notes/union-bancaire-inachevee-danger

Scialom L., « Conflits d'intérêts et gouvernance des banques systémiques : éléments d'analyse critique », *Revue d'économie financière*, n° 130, 2e trimestre 2018

Chapitre 1

Admati A., « Ending too big to fail », 16 avril 2016, https://minneapolisfed.org/~/media/files/publications/studies/endingtbtf/april-4-symposium-presentations/admati-mpls-fed-abbreviated.pdf?la=en

Aglietta M. et Valla N., *Macroéconomie financière*, La Découverte, 2017

Arcand J., Berkes E. et Panizza U., « Too much finance ? », *IMF Working paper*, n° 11/161, 2012

Autorité des marchés financiers, « Le comportement des traders à haute fréquence sur Euronext Paris », 26 janvier 2017, https://www.amf-france.org/Publications/Lettres-et-cahiers/Risques-et-tendances/Archives?docId=workspace%3A%2F%2FSpacesStore%2F619a82db-11ea-4544-a03e-991b7af2864d

Auvray T., Dallery T. et Rigot S., *L'Entreprise liquidée. La finance contre l'investissement*, Michalon, 2016

Bell B. et Van Reenen J., « Bankers' pay and extreme wage inequality in the UK », Center for Economic Performance, avril 2010

Bignon V., « Quelle architecture financière pour l'Europe post-Brexit ? Droit financier et géographie de la monnaie », *Note Terra Nova*, 2 mai 2018, http://tnova.fr/system/contents/files/000/001/561/original/Terra-Nova_Note-Architecture-financiere-post-Brexit_02052018.pdf?1525258899

Cechetti S.G. et Kharroubi E., « Why does financial sector growth crowd out real economic growth ? », *BIS Working paper*, n° 490, 2015

Chavagneux C., *Une brève histoire des crises financières*, La Découverte, 2011
Denk O., « Financial sector pay and labour income inequality : evidence from Europe », *OECD Economic Department Working Paper*, n° 1225, 2015
ECB, *Reports on Financial Structures*, octobre 2017
Geneva Report on the World Economy, n° 16, « Deleveraging, What Deleveraging ? », septembre 2014
Giraud P.-N., *Le Commerce des promesses*, Point Économie, 2009
Godechot O., *Working rich. Salaires, bonus et appropriation des profits dans l'industrie financière*, La Découverte, 2007
Greenwood R. et Scharfstein D., « The Growth of Finance », *Journal of Economic Perspective*, 27 (2), 2013
Kindleberger C., *Histoire mondiale de la spéculation financière*, Éditions P.A.U., 1994
Law S.H. et Singh N., « Does too much finance harm economic growth ? », *Journal of Banking and Finance*, vol. 41, 2014
Naulot J.-M., *Crise financière, pourquoi les gouvernements ne font rien*, Seuil, 2013
OECD, *Economic Policy Paper*, 2015, « Finance and Inclusive Growth. »
Philippon T. et Reshef A., « Wages and human capital in the US financial industry : 1909-2006 », *Quarterly Journal of Economics*, novembre 2012
Philipponnat T., *Le Capital : de l'abondance à l'utilité*, Éd. Rue de l'Échiquier, 2017
Piketty T., *Le Capital au XXIe siècle*, Éditions du Seuil, 2013
Reinhart C. et Rogoff K., *This Time is Different. Eight Centuries of Financial Folly*, Princeton University Press, 2009
Reinhart C. et Rogoff K., « Financial and sovereign debt crises : some lessons learned and those forgotten », *IMF working paper*, n° 13/266, 2013
Reshef A., « À quoi tient la progression des salaires dans la finance ? », 18 avril 2017, http://www.cepii.fr/EIC/pages/post.asp?post_id=17
Schularick M. et Taylor A., « Credit booms gone bust : monetary policy, leverage cycles and financial crisis ; 1870-2008 », *American Economic Review*, 102 (4), 2012

Turner A., *Between the Debt and the Devil*, Princeton University Press, 2016

Chapitre 2

Benes J. et Kumhof M., « The Chicago Plan revisited », *IMF working paper*, WP/12/202, août 2012

Blundell Wignall A., Atkinson P. et Roulet C., « Bank business models and the separation issue », *OECD Journal, Financial Market Trends*, 2014

Boot A. et Ratnovski L., « Banking and Trading », *IMF working paper*, n° 12/238, Washington DC, IMF, 2012

European Banking Authority, 29 juillet 2016, http://www.eba.europa.eu/documents/10180/1532819/2016-EU-wide-stress-test-Results.pdf

Farhi E. et Tirole J., « Collective moral hazard, maturity mismatch and systemic bail out », *American Economic Review*, 12 (1), 2012

IMF, *Global financial stability report*, Chapter 3 : « How big is the implicit subsidy for banks considered too important to fail ? », 2014

Laeven L., Ratnovski L. et Tong H., « Bank size and systemic risk », *IMF staff discussion note*, mai 2014

Laeven L., Ratnovski L. et Tong H., « Bank size, capital and systemic risk : some international evidence », *Journal of Banking and Finance*, 69, 2016

Liikanen E., « The high-level Expert group on reforming the structure of the E.U. banking sector : final report », 2012

Moret-Bailly J., *Les Conflits d'intérêts. Définir, gérer, sanctionner*, LGDJ Lextenso éditions, 2014

Morin, F., *L'Hydre mondiale. L'oligopole bancaire*, Lux Éditions, 2015

Chapitre 3

Becker G., « Theory of competition among pressure groups for political influence », *Quarterly Journal of Economics*, vol. 98, n° 3, 1983

Benston G., *The Separation of Commercial and Investment Banking : The Glass Steagall Act Revisited and Reconsidered*, Norwell, MA, Kluwer Academic, 1989

Couppey-Soubeyran J., *Blablabanque. Le discours de l'inaction*, Michalon, 2015

DeBondt W. et Thaler W., « Does the stock market overreact ? », *Journal of Finance*, vol. 40, 1985

Dewatripont M. et Tirole J., *The Prudential Regulation of Banks*, Cambridge, MA, MIT Press, 1993

Haldane A., « The $100 billion question, comments at the institute of regulation & risk », Hong Kong, mars 2010

Harnay S. et Scialom L., « The influence of the economic approaches to regulation on banking regulations : a short history of banking regulation », *Cambridge Journal of Economics*, 2015

Hemmelgarn T. et Teichman D., « Tax reforms and capital structure of banks », *International Tax and Public Finance*, mai 2014

Kahneman D. et Tversky A., « Judgment under uncertainty ; heuristics and biases », *Sciences*, vol. 185, 1974

Keen M. et de Mooij R., « Debt, Taxes and Banks », *IMF working paper*, 12/48, 2012

Kroszner R.S. et Rajan R.G., « Is the Glass Steagall Act Justified ? A study of the US experience with universal banking before 1933 », *American Economic Review*, 1994

Kwak J., « Cultural capture and financial crisis », in Carpenter D., Croley S. et Moss D. (éd.), *Preventing Regulatory Capture ; Special Interest Influence and how to limit it*, Cambridge University Press, 2013

Lallement T., Nisipasu K., Topozu M. et Elbahtouri L., « Le risque de modèle », Miméo, 1er octobre 2014, http://www.actuaries.org/oslo2015/papers/YF-Lallement.pdf

Langedijk S. *et al.*, « Debt Bias in corporate Taxation and the costs of banking Crisis in the E.U. », European Commission, WP n° 50, 2014

Mariathasan M. et Merrouche O., « The manipulation of Basel risk weights », *Journal of Financial Intermediation*, Elsevier, vol. 23 (3), 2014

Minsky H., *Stabilizing an Unstable Economy*, 1986, traduction française : *Stabiliser une économie instable*, Les Petits Matins, 2015

Peltzman S., « Toward a more general theory of regulation », *Journal of Law and Economics*, vol. 19, n° 2, 1976

Shiller R., « Do stock prices move too much to be justified by subsequent changes in dividends ? », *American Economic Review*, vol. 71, 1981

Stigler G., « The theory of economic regulation », *Bell Journal of Economics and Management Science*, vol. 2, n° 1, 1971

Turner A., *Reprendre le contrôle de la dette*, Les Éditions de l'Atelier, 2017

Chapitre 4

Baxter L.G., « Capture in financial regulation : can we channel it toward the common good », *Cornell Journal of Law and Public Policy*, vol. 21, n° 1, automne 2011

Becker G., « Theory of competition among pressure groups for political influence », *Quarterly Journal of Economics*, vol. 98, n° 3, 1983

Caprio G., « Regulatory Capture : why it occurs, how to minimize it », *North Carolina Banking Institute*, vol. 18, 2013

Carpenter D. et Moss D. (éd.), *Preventing Regulatory Capture – Special Interest Influence and how to limit it*, Cambridge University Press, 2014

Cecchetti S.G. et Schoenholtz K., « Higher capital requirements didn't slow the economy », 15 décembre 2014, http://www.moneyandbanking.com/commentary/2014/12/15/higher-capital-requirements-didnt-slow-the-economy

Chavagneux C. et Philipponnat T., *La Capture*, La Découverte, 2014

Corporate Europe Observatory, « Open doors for forces of finance at the ECB », octobre 2017

Corporate Europe Observatory, « The fire power of the Financial Lobby », avril 2014

Cour des comptes, « Dexia, un sinistre coûteux, des risques persistants », juillet 2013, http://www.ccomptes.fr/Publications/

Publications/Dexia-un-sinistre-couteux-des-risques-persistants

Dal Bo E., « Regulatory capture : A review », *Oxford Review of Economic Policy*, vol. 22, n° 2, 2006

Dunkelberg W. et Wade H., « NFIB Small business trends », 2017, http://www.nfib.com/assets/SBET-May-2017.pdf

Gambacorta L. et Shin H., « Why bank capital matters for monetary policy ? », *BIS working paper*, n° 558, avril 2016, http://www.bis.org/publ/work558.pdf

Hardy D., « Regulatory Capture in Banking », *IMF working Paper*, WP/06/34, janvier 2006

Harnay S. et Scialom L., « The influence of economic approaches to regulation on banking regulations : a short history of banking regulation », *Cambridge Journal of Economics*, 2015

Kwak J., « Cultural capture and financial crisis », in D. Carpenter et D. Moss, *Preventing Regulatory Capture*, Cambridge University Press, 2013

Laffont, J.J. et Tirole J., « The Politics of Government Decision-Making : Theory of Regulatory Capture », *Quarterly Journal of Economics*, pp. 1089-1127, 1991

Mishra P. et Reshef A., « How do central bank governors matter ? Regulation and the financial sector », Paris School of Economics, 10 mars 2017

Moskowitz T. et Wertheim J., *Scorecasting : the hidden influences behind how sports are played and games are won*, Three Rivers Press, 2011

Peltzman S., « Toward a more general theory of regulation », *Journal of Law and Economics*, vol. 19, n° 2, 1976

Shin H.S., « Bank capital and monetary policy transmission », avril 2016, http://www.bis.org/speeches/sp160407.pdf

Stigler, G., « The Economic Theory of Regulation », *Bell Journal of Economics and Management*, vol. 2, 1971

US Treasury, « A financial system that creates economic opportunities : banks and credit unions, Report to President D. J. Trump, Executive Order 13772 on core principles for regulating the United States financial system », 12 juin 2017

Vauchez A., *Sphère publique, intérêts privés. Enquête sur un grand brouillage*, Presses de Sciences Po, 2017

Veltrop D. et de Haan J., « I just cannot get you out of my head : regulatory capture of the financial sector supervisors », *DNB working paper*, n° 410, janvier 2014

Chapitre 5

Amel D., Barnes C., Panetta F. et Salleo C., « Consolidation and efficiency in the financial sector : A review of the international evidence », *Journal of Banking & Finance*, vol. 28 (10), 2004

Basel Committee on Banking Supervision, Regulatory Consistency Assessment Program : Analysis of Risk-Weighted-Assets, 2013, http://www.bis.org/publ/bcbs256.pdf

Blundell Wignall A., Atkinson P. et Roulet C., « Bank business models and the separation issue », *OECD Journal : Financial Market Trends*, 2014

Boot A. et Ratnovski L., « Banking and Trading », *Review of Finance*, Oxford University Press, 2016

Claessens S. et Ratnovski L., « What is Shadow banking ? », *IMF working paper*, WP/14/25, février 2014, https://www.imf.org/en/Publications/WP/Issues/2016/12/31/What-is-Shadow-Banking-41334

Demirguc-Kunt A. *et al.*, « Bank capital, lessons from the financial crisis », *World Bank, policy research working paper series*, n° 5473, 2010

Dewatripont M. et Tirole J., *The Prudential Regulation of Banks*, MIT Press, Cambridge, MA, 1993

Estrella A., Park S. et Peristiani S., « Capital ratios as predictors of bank failure », *Economic Policy Review, Federal Reserve Bank of New York*, juillet 2000

FSB, *Global Shadow Banking Monitoring Report 2016*, 10 mai 2017, http://www.fsb.org/2017/05/global-shadow-banking-monitoring-report-2016/

Goodhart C. et Wagner W., « Regulators should encourage more diversity in the financial system », 2012, http://voxeu.org/article/regulators-should-encourage-more-diversity-finan-

cial-system?keepThis=true&TB_iframe=true&height=650&width=850&caption=europe&quicktabs_tabbed_recent_articles_block=0
Gordy, M. et Howells B., « Procyclicality in Basel II : can we treat the disease without killing the patient ? », *Journal of Financial Intermediation*, 15 (3), juillet 2006
Haldane, A.G., « The $100 Billion Question, speech given at the Institute of regulation & risk, North Asia (IRRNA) », 2010, http://www.bankofengland.co.uk/archive/Documents/historicpubs/speeches/2010/speech433.pdf
Haldane A. et Madouros V., « La réglementation basée sur le risque : Est-ce le moment pour un retour vers le futur ? », *Revue d'économie financière*, 2013/4, n° 112, 2013
Haldane A., « Turning the red tape tide », discours prononcé pour l'International Finance and Law Review Awards, Londres, le 10 avril 2013
Hellwig M., « Systemic risk in the financial sector : an analysis of the subprime mortgage financial crisis », Max Planck Institute, novembre 2008
High Level Expert Group on reforming the structure of the E.U. banking sector, chaired by E. Liikanen, 2 octobre 2012, http://ec.europa.eu/internal_market/bank/docs/high-level_expert_group/report_en.pdf
Hogan T., « Capital and risk in commercial banking : a comparison of capital and risk based capital ratios », *The Quarterly Review of Economics and Finance*, vol. 57, août 2015
Laeven L. *et al.*, « Bank size and systemic risk », IMF staff discussion note, mai 2014, https://www.imf.org/external/pubs/ft/sdn/2014/sdn1404.pdf
Lindo D. et Przewoska P., « Separating universal banks from too big to fail banks », *Finance Watch Policy Brief*, mars 2015
Mayes D. et Stremmel H., « The effectiveness of Capital adequacy measures in predicting Bank distress », *SUERF Studies*, 2014/1
Scialom L., « Banques éthiques et alternatives : un modèle pour l'avenir », *Revue Banque*, n° 803, prospective 2017 – rétrospective 2016, décembre 2016

Tadjeddine Y. et Scialom L., « Banques hybrides et réglementation des banques de l'ombre », *Note Terra Nova*, 17 novembre 2014, https://economix.fr/docs/84/17112014 %20 -%20Banques%20hybrides%20et%20réglementation%20 des%20banques%20de%20l'ombre.pdf

Chapitre 6

Aglietta M. et Valla N., *Macroéconomie financière*, La Découverte, 2017

Argyris, C. et Schön, D.A., *Theory in Practice : Increasing Professional Effectiveness*, San Francisco, Jossey-Bass, 1978

Boyer R., « S'interroger sur le savoir économique », *Esprit*, novembre 2009

Boyer R., « Le devenir incertain des théories économiques et financières », *Le Débat*, 2012/2, n° 69

Boyer R., « Les crises financières comme conflit de temporalités », *Vingtième siècle. Revue d'histoire*, 2013/1, n° 117

Couppey-Soubeyran J., Scialom L., Serve S. et Tadjeddine Y., « Dix ans après la crise financière, comment enseigne-t-on la finance ? », *Note de l'Institut Veblen*, décembre 2018, https://www.veblen-institute.org/Dix-ans-apres-la-crise-financiere-comment-enseigne-t-on-la-finance.html

Dupré D. et Raufflet E., « L'enseignement de l'éthique en finance six ans après la crise : constats et perspectives françaises », *Revue éthique publique*, vol. 16, n° 2, 2014

Gennaioli N., Shleifer A. et Vishny R., « Neglected risks, financial innovation and financial fragility », *Journal of Financial Economics*, 104, 2012

Hautcœur P.C., Rapport sur l'avenir des sciences économiques à l'Université, 2014, https://cache.media. enseignementsup-recherche. gouv.fr/file/Formations_et_diplomes/05/1/Rapport_Hautcoeur2014_328051.pdf

Keen S., *L'Imposture économique*, Les Éditions de l'Atelier, 2014

Metz C., « Repenser l'économie et son enseignement : un thème qui fédère les étudiants européens », *L'Économie politique*, 2014/4, n° 64

Moret-Bailly J., Ruiz Fabri H. et Scialom L., « Conflits d'intérêts : nouvelle frontière de la démocratie », *Rapport Terra Nova*, 2017, http://tnova.fr/rapports/les-conflits-d-interets-nouvelle-frontiere-de-la-democratie

Turner A., *Reprendre le contrôle de la dette*, Les Éditions de l'Atelier, 2017

Watrelot P., « Les cinq malédictions des sciences économiques et sociales », 2018, http://philippe-watrelot.blogspot.com/2018/02/les-cinq-maledictions-des-ses_11.html

Chapitre 7

Bourdieu P., « Le capital social (Liminaire) », *Actes de la recherche en sciences sociales*, 1980, vol. 31, n° 1, 1980

Cohn A., Fehr E. et Maréchal A., « Business culture and dishonesty in the banking industry », *Nature*, 516, 2014

Cour des comptes, *Dexia, un sinistre coûteux, des risques persistants*, juillet 2013, http://www.ccomptes.fr/Publications/Publications/Dexia-un-sinistre-couteux-des-risques-persistants

De Haan J., Nuijts W. et Raaijmakers M., « Supervising culture and behaviour at financial institutions : the experience of the Nederlandsche Bank », *VoX Paper 06*, novembre 2015, http://www.voxeu.org/article/supervising-bank-culture

De Haan J. et Veltrop D., « I just cannot get you out of my head : regulatory capture of the financial sector supervisors », *DNB working paper*, n° 410, janvier 2014

Finance Watch, http://www.finance-watch.org/about-us/why-finance-watch

Haute Autorité pour la transparence de la vie publique, Rapport d'activité 2016, http://www.hatvp.fr/wordpress/wp-content/uploads/2017/04/RA2016.pdf

Lascoumes P. et Nagels C., *Sociologie des élites délinquantes, de la criminalité en col blanc à la corruption politique*, Armand Colin, 2014

Moret-Bailly J., Ruiz Fabri H. et Scialom L., « Conflits d'intérêts : nouvelle frontière de la démocratie », *Rapport Terra*

Nova, 2017, http://tnova.fr/rapports/les-conflits-d-interets-nouvelle-frontiere-de-la-democratie

Sutherland E., *White Collar Crime : The Uncut Version*, Yale University Press, New Haven & Londres. 1983 [1949], Vie publique, http://www.vie-publique.fr/actualite/dossier/rub1979/transparence-vie-publique-autorite-independante-creation-recente.html

Transparency International France, « Transparence et intégrité du lobbying : un enjeu de démocratie », 2014, https://transparency-france.org/wp-content/uploads/2016/04/Rapport-Lobbying-en-France_Octobre-2014.pdf

Table des matières

Cet ouvrage a été imprimé en France par
CPI Bussière
Z.I. rue Pelletier Doisy
18200 Saint-Amand-Montrond (France)

pour le compte des Éditions Fayard
en février 2019

Photocomposition Nord Compo à Villeneuve-d'Ascq

Dépôt légal : mars 2019
N° d'édition : 51-1331-3/01 - N° d'impression : 2042952